프리띵의 맛있는 디저트 캔들

프리띵 저

프리띵의
맛있는 디저트 캔들

Copyright 2021 by Youngjin.com Inc.
401, STX-V Tower, 128, Gasan digital 1-ro, Geumcheon-gu, Seoul, Republic of Korea 08507
All rights reserved. No part of this book may be reproduced or transmitted in any form or by any means, electronic or mechanical, including photocopying, recording or by any information storage retrieval system, without permission from Youngjin.com Inc.

ISBN 978-89-314-6435-1

독자님의 의견을 받습니다.
이 책을 구입한 독자님은 영진닷컴의 가장 중요한 비평가이자 조언가입니다. 저희 책의 장점과 문제점이 무엇인지, 어떤 책이 출판되기를 바라는지, 책을 더욱 알차게 꾸밀 수 있는 아이디어가 있으면 팩스나 이메일, 또는 우편으로 연락주시기 바랍니다. 의견을 주실 때에는 책 제목 및 독자님의 성함과 연락처(전화번호나 이메일)를 꼭 남겨 주시기 바랍니다. 독자님의 의견에 대해 바로 답변을 드리고, 또 독자님의 의견을 다음 책에 충분히 반영하도록 늘 노력하겠습니다.

이메일 | support@youngjin.com

주소 | (우)08507 서울특별시 금천구 가산디지털1로 128 STX-V타워 4층 401호
(주)영진닷컴 기획1팀

파본이나 잘못된 도서는 구입하신 곳에서 교환해 드립니다.

STAFF
저자 프리띵(정은지, 정유선) | **총괄** 김태경 | **기획** 최윤정 | **디자인** 임정원 | **편집** 임정원
영업 박준용, 임용수, 김도현 | **마케팅** 이승희, 김근주, 조민영, 이은정, 김예진, 채승희, 김민지
제작 황장협 | **인쇄** 제이엠

PROLOGUE

여러분은 캔들 공예의 어떤 점이 매력적이라고 생각하나요? 제가 캔들 공예를 시작한 이유는 지친 저를 위로하기 위해서였어요. 작은 불씨를 붙이면 주황색의 따뜻한 불꽃이 주변을 물들이는 캔들을 보면서 제 마음도 따뜻하게 위로받았습니다.

저는 디자인이라는 한 가지 일만 평생 해 왔어요. 디자인이라는 게 명확한 답이 없어 그 어떤 분야보다도 작업량이 많은 분야이기도 합니다. 또 저는 만족할 때까지 꼼꼼하게 확인하는 성격이라 그런 성격이 저를 지치게 만들기도 했습니다. 그렇게 힘든 하루하루에 위안이 되었던 게 캔들이었어요. 오롯이 만들기에만 집중하는 그 시간, 다 만들고 나서의 그 뿌듯함, 그런 순수한 만들기의 기쁨이 있었습니다.

캔들을 만드는 과정도 중요하지만 텍스처 표현이나 섬세한 장식 등 작품의 전체적인 완성도도 중요하게 생각했고, 만족할 때까지 만들고 또 만들면서 다양한 노하우를 찾을 수 있었어요. 프리띵 캔들의 특징은 초현실적인 색상보다는 실제 디저트와 유사한 컬러 베리에이션을 사용한다는 점입니다. 밝고 채도가 높은 색상들을 조색하는 과정이 힘들기도 했지만, 완성한 후에 오는 성취감 또한 힘든 만큼 더 컸습니다. 세상 모든 디저트를 보면서 영감을 얻고 이를 구현하는 과정을 거치면서 프리띵만의 작품을 제작할 수 있었습니다.

프리띵만의 새로운 캔들을 선보이고, 다양한 곳에서 소통하고 싶어 유튜브 채널을 개설한 지 4년이 되었습니다. 그동안 다양한 작품이 업로드되었고, 시중에 출시된 캔들뿐 아니라 새롭게 창조한 작품이 많아지면서 확실하게 레시피를 정립할 시점이 필요했습니다. 이렇게 〈프리띵의 맛있는 디저트 캔들〉을 출시할 수 있었던 건 큰 행운이자 기회라 생각합니다. 출간하는 데 도움을 주신 모든 분들께 감사드립니다. 그리고 프리띵을 알아봐 주신 최윤정 대리님께도 감사하다고 전해 드리고 싶어요.

이 책은 저희 유튜브 채널에 있는 모든 캔들의 레시피를 정확하게 정리해 놓은 책이에요. 그리고 지금까지 다양한 작품 제작과 경험을 하면서 느낀 팁들도 듬뿍 담았습니다. 디저트 캔들들의 기초부터 지금 유행하는 디저트 케이크 캔들까지, 이 한 권으로 디저트 캔들을 정복할 수 있다는 목표를 가지고 책 집필을 시작했습니다. 책과 더불어 유튜브 영상까지 같이 본다면 더욱 쉽고 재밌게 캔들 공예를 배울 수 있습니다. 앞으로 계속 유튜브에 올라올 작품도 책에 있는 기본 기법들을 숙지한다면 손쉽게 제작하고 응용 작품까지 만들 수 있을 거예요.

ALL THE BEAUTIFUL THINGS IN THE WORLD
세상에 모든 아름다운 것들을 만들고 싶은 프리띵

CONTENTS

PROLOGUE

PART 1 캔들 만들기의 시작

캔들의 정의와 용도 · 008
천연 왁스 • 인공 왁스 · 011
기타 재료의 종류와 특징 · 017
제작에 필요한 도구 · 020
캔들 제조 시 왁스에 나타나는 현상과 보완 방법 · · · · · · 023

PART 2 수제 몰드 만들기

몰드 제작의 재료 · 028
몰드 제작하기 · 030

PART 3 소이 캔들

크림 제작 방법 · 038

| 초급 |
아이스크림 캔들 · 051
머랭 쿠키 방향제 · 063
ABC 초콜릿 캔들 · 069
비스킷 캔들 · 073
쿠키 캔들 · 077

| 중급 |
크림 토스트 왁스 타블렛 · 083
바크 초콜릿 왁스 타블렛 · 089
오레오 캔들 · 095
마카롱 캔들 · 099
산딸기 타르트 캔들 · 107
까눌레 캔들 · 115

체리 머핀 캔들	121
생크림 라떼 캔들	127
와플 캔들	133
민트 카페모카 캔들	141
복숭아 에이드 캔들	149
망고 빙수 캔들	155

| 고급 |

딸기 초코 조각 케이크 캔들	165
미니 생크림 케이크 캔들	173
빈티지 케이크 캔들	183

PART 4 젤 캔들

| 초급 |

하리보 캔들	195
프루티부시 캔들	199
핑크에이드 캔들	205
맥주 캔들	209

| 중급 |

블루 하와이안 칵테일 캔들	215
피치 크러시 칵테일 캔들	221
유니콘 칵테일 캔들	227
블루베리 모히또 캔들	233

| 고급 |

녹차 모카 라떼 캔들	239
로투스 라떼 캔들	245
체리 라떼 캔들	253
슈프림 프라페 캔들	263

책에서 소개하는 작품과 영상 속 작품의 레시피에 다소 차이가 있을 수 있습니다.
레시피와 기본적인 내용은 책을 기반으로 하고, 영상은 만드는 노하우나 스킬 참고용으로 사용해 주세요.

PART 1.

MAKING CANDLES

캔들 만들기의 시작

캔들의 정의와 용도

콩기름으로 만든 천연 캔들
소이 캔들

천연 재료인 콩기름을 원료로 만든 왁스에, 프래그런스 오일이나 에센셜 오일을 넣어 발향하는 양초입니다. 기능적으로는 냄새 제거와 습기 제거 용도로 사용합니다. 요즘은 기능적인 용도와 더불어 기념일에 캔들을 켜 은은한 분위기를 연출하거나 인테리어 소품으로 활용하는 등 장식용으로도 많이 사용하고 있습니다.

인테리어 소품 완소템
디저트 캔들

캔들을 인테리어 소품으로 사용하는 사람들이 늘어나면서 예쁘고 신기한 캔들이 주목받기 시작했습니다. 그러면서 점차 시각적으로 흥미롭고 창의적인 형태의 캔들이 등장합니다. 판타지가 연상되는 알록달록한 색상의 디저트 캔들, 실제 과자와 빵의 질감까지 비슷한 리얼한 디저트 캔들, 실제 베이킹에서 볼 수 있는 홀케이크 캔들 등 다양한 디저트 캔들이 유행하고 있습니다.

용기에 담겨 있는 캔들
컨테이너 캔들

용기에 담겨 있는 캔들을 모두 통틀어서 컨테이너 캔들이라고 합니다. 심지는 일자로만 연소하기 때문에 균일한 연소를 위해서는 원형 컨테이너를 사용하는 게 적합합니다. 시중에는 다양한 형태의 컨테이너가 나와 있는데 시약병 형태의 컨테이너는 산소가 부족해서 불이 꺼지고 스테인리스 또는 유리 컨테이너는 연소 시 뜨거우니 조심해야 합니다.

디저트 캔들은 보통 유리컵이나 칵테일 잔처럼 장식성이 강하고 굴곡이 있는 컨테이너에 담긴 제품이 많습니다. 이러한 캔들은 원형이 아니기 때문에 전체적으로 균일한 연소는 불가능합니다.

1. 컨테이너 캔들 2. 피치 크러시 칵테일 캔들 3. 필라 캔들 4. 미니 생크림 케이크 캔들

첫 번째 사진은 컨테이너 캔들입니다. 투명, 불투명 온더락 잔 또는 블랙 컨테이너 등 다양한 형태의 원형 컨테이너가 존재합니다.

두 번째 사진은 책에서 제작하는 컨테이너 캔들입니다. 피치 크러시 칵테일 캔들도 컵, 즉 컨테이너에 담겨 있기 때문에 컨테이너 캔들이라고 할 수 있습니다.

오브제 형태의 캔들
필라 캔들

컨테이너 없이 스스로 서 있는 캔들을 모두 통틀어 필라 캔들이라고 합니다. 일반적인 원기둥 모양의 필라 캔들뿐만 아니라 다양한 형태의 PC 몰드와 실리콘 몰드가 나오면서 필라 캔들이 많은 인기를 끌고 있습니다. 이러한 모양으로 제작한 캔들은 그 형태가 일정하지 않아 균일한 연소는 불가능합니다. 또한, 용기에 담겨 있지 않기 때문에 연소 시 꼭 전용 홀더나 도자기 또는 유리 접시를 받치고 태워야 합니다.

세 번째 사진은 필라 캔들입니다. 필라 캔들에는 다양한 형태의 오브제 필라 캔들이 있습니다.

네 번째 사진은 책에서 제작하는 필라 캔들입니다. 미니 생크림 케이크 캔들도 컨테이너 없이 스스로 서 있는 캔들이기 때문에 필라 캔들이라고 할 수 있습니다.

컨테이너 캔들과 필라 캔들의 왁스 차이에 따른 특징

1. 융점
융점은 왁스가 녹는 온도를 뜻합니다. 컨테이너 왁스는 융점이 낮은 편이기 때문에 전자레인지 또는 중탕의 낮은 온도로 녹여도 잘 녹습니다. 반면에 필라 왁스는 융점이 높은 편이기 때문에 직화로 녹여야 합니다.

이러한 융점 차이로 인해 연소 시간에도 차이를 보입니다. 연소 시 불꽃의 온도는 일정하기 때문에 융점이 낮은 컨테이너 캔들이 더 빨리 연소하고, 융점이 높은 필라 캔들은 연소에 시간이 더 오래 걸리게 됩니다. 똑같은 용량이어도 필라 캔들의 연소 시간이 더 긴 것은 융점의 차이가 있기 때문입니다.

2. 굳는 속도
융점이 낮은 컨테이너 왁스는 굳는 속도가 느립니다. 반면에 융점이 높은 필라 왁스는 굳는 속도가 매우 빠릅니다. 동일한 양의 왁스를 부어 놓고 탈형을 위해 굳기를 기다리면, 컨테이너 캔들이 굳는 데 더 오랜 시간이 소요됩니다. 특히 실내 온도가 높은 여름에는 굳는 데 시간이 더 많이 소요됩니다. 굳는 속도가 빠른 필라 캔들은 빠르게 작업해 줘야 하고 굳는 속도가 상대적으로 느린 컨테이너 캔들은 여유를 가지고 작업해 주어도 됩니다.

3. 수축률
컨테이너 캔들과 필라 캔들을 구분하는 가장 큰 특징이 수축률입니다. 이때 수축률이 낮은 컨테이너 왁스를 쓰게 되면 몰드에서 제대로 수축하지 않아 탈형이 잘되지 않습니다. 반면 수축률이 높은 필라 캔들은 굳으면서 수축하기 때문에 몰드와 캔들 사이에 틈이 생겨 손쉽게 탈형할 수 있습니다.

4. 경도
경도는 단단한 정도를 뜻하는데 컨테이너 왁스는 컨테이너에 담겨 있기 때문에 경도가 높지 않아도 됩니다. 경도가 약한 컨테이너 왁스를 몰드에 넣어 작업하면 탈형할 때 캔들이 쪼개지거나 형태가 망가질 수 있습니다. 반면에 필라 캔들은 컨테이너 없이 오롯이 서 있어야 하므로 컨테이너 캔들에 비해 단단해야 합니다.

천연 왁스 · 인공 왁스

천연 왁스는 밀랍, 콩, 야자열매 등 자연에서 얻은 재료를 주원료로 합니다. 인공 왁스에는 석유를 정제하는 과정에서 나온 부산물을 다시 정제해서 만든 파라핀과 미네랄 오일, 폴리머를 배합해서 제작하는 젤 왁스가 있습니다.

천연 왁스의 종류와 특징

1. 소이 왁스

소이 왁스는 콩으로 만든 천연 왁스로 컨테이너용 소이 왁스, 필라용 소이 왁스 두 가지 종류가 있습니다. 가장 많이 사용하는 왁스인 만큼 소이 왁스 브랜드별로 특징을 알아보도록 하겠습니다.

NOTE

*웻스팟 현상

컨테이너 캔들에서 왁스의 수축으로 인해 컵 표면에 어떤 면은 유리에 붙어 있는데 어떤 면은 유리에서 떨어져 있어 균일해 보이지 않고 얼룩져 보이는 현상

*프로스팅 현상

작업 환경의 온도가 맞지 않거나, 몰드와 왁스 간의 온도 차 등 다양한 이유로 왁스의 표면이 하얗게 서리 낀 듯 보이는 현상

● 컨테이너용 소이 왁스

네이처 컨테이너 왁스(Nature Wax C-3 Soy Wax)

| **융점** : 52℃ | **염료 첨가 온도** : 80℃ 이상 | **향 첨가 온도** : 60~65℃ | **붓는 온도** : 50~55℃ | **장점** : 일정한 표면, 저렴한 가격대 | **단점** : 웻스팟 현상, 프로스팅 현상

네이처 컨테이너 왁스는 초보자들이 가장 쉽게 사용할 수 있는 높지 않은 가격대의 왁스 브랜드입니다. 염료 첨가 온도와 붓는 온도 간의 차이가 크기 때문에 초보자들이 천천히 작업하면서 과정을 살펴보기 적합합니다.

왁스가 굳은 후 표면이 일정하게 나오는 편이라 초보자들이 쉽게 사용할 수 있지만, 유리 밀착력은 다소 떨어져 *웻스팟 현상 및 겨울철에는 *프로스팅 현상이 자주 발생합니다.

NOTE
보완 방법 알아보기

왁스 표면의 꺼짐 현상은 수축으로 인해 가운데 부분이 꺼지는 현상입니다. 바깥 부분이 제일 먼저 굳기 시작하며, 중앙으로 갈수록 중력을 영향을 받아 제일 많이 꺼지게 됩니다.

히팅건
부어 놓은 왁스를 충분히 굳힌 뒤, 히팅건으로 왁스 표면이 찰랑거릴 정도로 전체적으로 녹인 후 굳히면 깔끔하게 제작할 수 있습니다. 이때 이전에 부어 놓은 왁스를 충분히 굳히지 않으면 히팅건으로 표면을 녹일 때 굳지 않은 안쪽의 왁스가 같이 녹아 계속 꺼짐 현상이 반복되므로 주의합니다.

이중 붓기
왁스를 부어 줄 때 소량의 왁스를 남기고, 굳은 왁스 위에 한 번 더 부어 굳히면 깔끔하게 제작할 수 있습니다.

골든 컨테이너 왁스(Golden GW464 Soy Wax)

| 융점 : 48℃ | 염료 첨가 온도 : 80℃ 이상 | 향 첨가 온도 : 75~80℃ | 붓는 온도 : 70~75℃ | 장점 : 높은 유리 밀착력, 높은 발향력 | 단점 : 표면 꺼짐 현상, 크랙 현상

골든 컨테이너 왁스는 네이처 왁스에 비해 가격은 높지만, 유리 밀착력이 높기 때문에 웻스팟 현상 없이 깔끔한 캔들을 제작할 수 있습니다. 그리고 다른 브랜드 왁스보다 발향력이 높은 편입니다.

제작 시 염료 첨가 온도와 붓는 온도 간의 차이가 크지 않습니다. 골든 왁스 사에서 권장하는 붓는 온도로 제작 시 실내 온도에 따라 나오는 결과물의 차이가 큰 왁스로, 어느 정도 숙련도가 있어야 예쁜 결과물을 만들어 낼 수 있습니다. 붓는 온도나 작업 실내 온도 등이 제대로 맞춰지지 않았을 시 표면의 꺼짐 현상, 크랙 현상이 일어납니다. 이러한 현상은 히팅건 또는 이중 붓기로 보완해 줄 수 있습니다.

에코소야 컨테이너 왁스(에코소야 CB-Advanced)

| 융점 : 38℃ | 염료 첨가 온도 : 80℃ 이상 | 향 첨가 온도 : 70℃ | 붓는 온도 : 60~65℃ | 장점 : 일정하고 매끄러운 표면, 발색력 | 단점 : 웻스팟 현상, 왁스 컬러

에코소야 컨테이너 왁스는 세 가지 왁스 중 가격이 가장 높으며, 온도와 습도에 민감한 천연 왁스임에도 불구하고 사계절 내내 일정하고 매끄러운 표면의 캔들을 제작할 수 있습니다. 세 가지 왁스 중 프로스팅 현상이 가장 적기 때문에 염료 첨가 시 컬러도 제일 균일하고 깨끗하게 발색됩니다. 하지만 왁스 자체가 아이보리 컬러를 띠어 제작 시 참고해야 합니다.

제작 시 염료 첨가 온도와 붓는 온도 간의 차이도 골든 왁스에 비하면 적당한 편이고, 항상 일정하고 깨끗한 결과물을 제작할 수 있다는 장점이 있지만, 높은 가격대로 인해 캔들 공방의 선생님이나 전문가가 많이 사용하는 왁스입니다.

● 필라용 소이 왁스

에코소야 필라 왁스(에코소야 PB)

| **융점** : 55℃ | **염료 첨가 온도** : 90℃ 이상(붓는 온도가 높아짐에 따라 염료 첨가 온도도 상승함) | **향 첨가 온도** : 85℃ | **붓는 온도** : 75~80℃ | **장점** : 광택감 있는 표면 | **단점** : 낮은 수축력, 프로스팅 현상, 왁스 컬러

에코소야 필라 왁스는 광택감 있는 매끈한 표면의 캔들을 제작할 수 있습니다. 하지만 기온이 높은 여름철에는 수축이 제대로 되지 않아 탈형이 안 되는 경우가 종종 발생합니다. 이는 정제 비즈 왁스와 혼합하여 사용하면 경도와 수축률을 높이고 프로스팅 현상까지 보완할 수 있습니다. 그리고 왁스 자체의 컬러가 컨테이너용 왁스보다 더욱 진한 아이보리 컬러를 띠고 있기 때문에 제작 시 참고해야 합니다.

필라 왁스는 실리콘 몰드 사용, 공기층에 넓게 접촉하는 표면 등 다양한 이유로 프로스팅 현상이 발생합니다. 프래그런스 오일 첨가 시 산발적으로 프로스팅 현상이 발생하고, 진한 컬러로 조색 시에도 시간이 흐름에 따라 프로스팅 현상이 발생합니다. 이러한 현상은 왁스 배합으로 보완할 수 있습니다.

2. 비즈 왁스

● 비즈 왁스(비정제 밀랍)

비즈 왁스는 화학적인 가공 과정을 거치지 않은 천연 상태의 비정제

NOTE

보완 방법 알아보기

왁스 표면의 프로스팅 현상은 왁스의 표면이 하얗게 서리 낀 듯 보이는 현상입니다.

실내 온도가 낮은 겨울철에는 왁스가 원래 굳는 시간보다 빠르게 굳으면서 생기기도 하고, 차가운 컨테이너와 뜨거운 왁스 간 온도 차 때문에 생기기도 하며, 표면이 매끈한 PC 몰드가 아닌 질감이 있는 실리콘 몰드를 사용해서 발생하기도 합니다.

에코소야 PB 왁스와 정제 비즈 왁스 배합

에코소야 PB 왁스와 정제 비즈 왁스를 7:3 비율로 배합하면 프로스팅 현상 없이 깔끔하게 제작할 수 있습니다. 정제 비즈 왁스를 많이 섞을수록 깨끗하고 매끈한 표면의 캔들을 제작할 수 있지만, 점도가 늘어나 끈적거리며 소이 왁스 특유의 밀키하고 불투명한 느낌이 사라지고 파라핀처럼 반투명한 느낌이 나게 됩니다.

밀랍입니다. 밀랍은 벌들이 벌집을 짓는 재료로, 프로폴리스 성분이 다량 포함되어 있습니다. 비즈 왁스는 연소 시 프로폴리스 성분이 나오는데 이 프로폴리스 성분은 항균, 항생 등의 효과를 가지고 있고 호흡기 건강에 도움이 되기 때문에 다양한 캔들에 활용되고 있습니다. 비즈 왁스는 고유의 향이 있어서 따로 향료를 첨가하지 않고 사용합니다. 잘리지 않을 만큼 단단하며 점성이 있는 왁스이고 수축률이 높은 것이 특징입니다. 점도가 높은 왁스는 심지를 큰 사이즈로 구매하여 테스트해 봐야 합니다.

● **정제 비즈 왁스(정제 밀랍)**

정제 비즈 왁스는 비즈 왁스 특유의 향과 노란색을 자연광에 노출시켜 최대한 향과 컬러를 뺀 왁스입니다. 비즈 왁스는 특유의 노란 빛과 본연의 향이 있기 때문에 다른 왁스들과 섞어 쓰거나 조색 시 어려움이 많으며, 보통 덩어리로 판매하기 때문에 잘라서 사용해야 합니다. 반면, 정제 비즈 왁스는 알갱이 타입과 하얀 컬러로 다른 왁스들과도 쉽게 배합해 사용하거나 단독으로도 조색해 경도 높은 캔들을 제작할 수 있습니다.

3. 팜 왁스

야자나무 열매에서 추출해 만든 천연 식물성 왁스입니다. 깃털 모양, 눈꽃 모양, 얼음결정 모양 세 가지 결정 모양과 팜 왁스 특유의 표면 질감으로 사랑받고 있는 왁스입니다. 표면이 굉장히 매끄러워 탈형이 용이하다는 장점이 있습니다.

인공 왁스의 종류와 특징

1. 파라핀

파라핀 왁스는 석유를 정제하는 과정에서 나온 부산물을 향초로 사용하기 위해 다시 정제해서 만든 인공 왁스입니다. 우리 주변에 볼 수 있는 가장 흔한 파라핀 캔들은 제사에 사용되는 초입니다. 무색무취로 왁스 본연의 향이 없어 적은 양의 오일로도 발향이 잘됩니다. 파라핀 왁스로 작품을 만들게 되면 불투명한 소이 캔들과 달리 반투명한 느낌의 캔들이 됩니다.

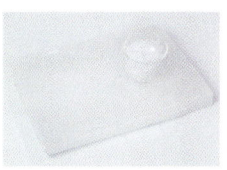

파라핀의 종류에는 컨테이너 캔들과 같이 용기에 담긴 캔들을 제작할 때 사용하는 저온 파라핀 왁스, 필라 캔들과 같이 혼자 설 수 있는 캔들을 제작할 때 사용하는 표준 파라핀, 그리고 경도와 융점이 가장 높아 쉽게 형태가 변하지 않는 캔들을 만들 때 사용하는 고온 파라핀이 있습니다. 판 형태 또는 알갱이 형태 두 가지로 판매됩니다.

2. 젤 왁스

젤 왁스는 미네랄 오일과 폴리머를 섞어 만든 인공 왁스로 폴리머의 함량에 따라 MP, HP, SHP로 분류됩니다. 말랑말랑하고 기름진 질감과 소이 왁스와 달리 투명함을 가지고 있는 것이 특징입니다. 이 특유의 투명함과 청량함 때문에 에이드나 얼음 표현에 탁월한 왁스입니다.

NOTE

젤 왁스가 뿌예지는 요인

- 극성도가 맞지 않는 프래그런스 오일을 사용하면 뿌예지기 때문에 젤 왁스 전용 프래그런스 오일을 사용합니다.
- 높은 붓는 온도로 인해 심지에 코팅된 왁스가 녹아 나와 뿌예지기 때문에 젤 왁스 전용 심지나 면 심지를 사용합니다.
- 높은 온도로 인해 나무젓가락의 표백 성분이 녹아 나와 뿌예지기 때문에 왁스를 섞을 때는 헤라나 유리 막대를 사용합니다.

● MP 젤 왁스

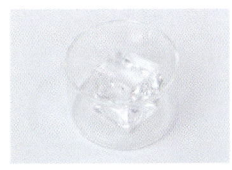

| 융점 : 90℃ | 염료 첨가 온도 : 105℃ 이상 | 향 첨가 온도 : 100℃ | 붓는 온도 : 95~100℃

미디엄 폴리머(Medium Polymer)의 약자로, 미네랄 오일의 함량이 세 개 중 가장 많고 폴리머의 함량이 적은 편입니다. 세 종류 중 가장 말랑말랑한 질감을 가지고 있고 미네랄 오일의 함량이 많아 손으로 만졌을 때 오일이 많이 묻어 나옵니다. MP 젤 왁스는 컨테이너 소이 왁스처럼 컨테이너에 사용하는 왁스입니다.

NOTE

젤 왁스 주의사항

융점 : 융점이 매우 높은 편으로, 녹이는 데 시간이 오래 소요되고 연기도 많이 나게 되니 꼭 환기를 시키면서 녹여야 합니다. 또한 작업 온도가 100℃ 이상으로 화상의 위험이 있으니 장갑을 끼고 조심해서 작업합니다.

굳는 속도 : 굳는 속도도 소이 왁스보다 훨씬 빠르기 때문에 염료와 향 첨가 후 바로 부어야 합니다. 시간이 흐르면 비커에 묻는 손실량도 많아져 효율적으로 캔들을 제작할 수 없게 됩니다.

향료 : 100℃의 높은 온도에서 작업하기 때문에 휘발 온도가 낮은 에센셜 오일 대신 높은 온도에서도 휘발되지 않는 프래그런스 오일을 사용해야 합니다.

보관 : 젤 왁스는 표면에 먼지가 잘 달라붙기 때문에 소분 후에는 밀봉을 잘 해야 하고 작품을 완성한 후에도 깨끗이 보관하려면 투명 케이스에 넣어 보관합니다.

● **HP 젤 왁스**

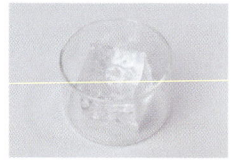

| **융점** : 100℃ | **염료 첨가 온도** : 110℃ 이상 | **향 첨가 온도** : 105℃ | **붓는 온도** : 100℃

하이 폴리머(High Polymer)의 약자로, MP 젤 왁스보다는 미네랄 오일의 함량이 적고 폴리머의 함량이 높은 왁스입니다. MP 젤 왁스보다 탄력감 있는 질감을 가지고 있고 손으로 만졌을 때 기름이 적게 묻어 나오는 편입니다. HP 젤 왁스는 필라용 소이 왁스처럼 단단하고 컨테이너에 담겨 있지 않은 것들을 만들 때 사용하는 왁스입니다. 음료 위에 올리는 과일 엠베드에 사용하면 좋은 왁스입니다.

● **SHP 젤 왁스**

| **융점** : 100℃ | **염료 첨가 온도** : 110℃ 이상 | **향 첨가 온도** : 105℃ | **붓는 온도** : 100℃

슈퍼 하이 폴리머(Super High Polymer)의 약자로, 폴리머의 함량이 가장 많고 미네랄 오일의 함량이 매우 적어 가장 탱탱한 질감을 가지고 있습니다. 손으로 만졌을 때도 오일이 아예 묻어 나오지 않습니다. HP 젤 왁스보다 더 단단하고 여름철이나 상온에 있어도 잘 녹지 않는 형태를 만들 때 사용합니다.

기타 재료의 종류와 특징

심지

1. 면 심지

면 심지는 기본적으로 모든 캔들에 사용할 수 있고, 보통 타래로 판매하기 때문에 직접 원하는 길이의 사이즈로 재단해서 사용할 수 있습니다. 면 심지의 특징은 코팅이 되어 있지 않다는 점입니다. 몰드 안에 심지를 넣으려면 코팅되어 있지 않고 유연한 심지여야 하기 때문에 보통 필라 캔들을 만들 때 면 심지를 많이 사용합니다. 캔들 위로 5mm 정도 남기고 잘라서 사용해야 그을음도 적고 안전하게 태울 수 있습니다.

면 심지

2. 코팅 심지

면 심지를 일정한 크기로 잘라 왁스로 코팅한 심지입니다. 쇼핑몰에서 보통 구매하는 심지가 코팅 심지입니다. 코팅이 되어 있기 때문에 빳빳한 형태를 유지하고 있어 간편하게 컨테이너 캔들 등에 부착해서 사용하거나 완성된 젤 캔들에 꽂아 사용할 수 있습니다. 일반 코팅 심지보다 가격이 비싸지만 그을음이 적게 나오는 스모크리스 심지도 있습니다. 코팅 심지도 면 심지의 한 종류이기 때문에 캔들 위로 5mm 정도 남기고 잘라서 사용해야 합니다.

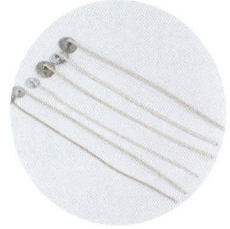

코팅 심지

3. 우드 심지

우드 심지는 면이 아니라 나무로 된 심지이기 때문에 연소 시 타닥거리는 소리가 나는 것이 특징입니다. 자연물이기 때문에 면 심지처럼 일정하게 태워지지 않고 그을음도 면 심지에 비해 많이 나는 편입니다. 연소 시, 면 심지보다 더 짧게 캔들 위로 3mm 정도 남기고 잘라서 사용해야 합니다.

우드 심지

4. 심지를 선택하는 방법

치수에 맞지 않는 작은 사이즈의 심지를 사용했을 시 캔들이 안쪽으로만 타들어 가는 터널링 현상이 발생합니다. 반면 큰 사이즈의 심지를 사용하면 캔들이 원래 연소 시간보다 더 빨리 연소합니다. 그렇기 때문에 알맞은 사이즈의 심지를 선택하는 것이 중요합니다.

- 캔들의 지름을 확인한 후, 쇼핑몰에 제시된 표를 보고 맞는 심지 사이즈를 골라 줍니다.
- 원형 캔들의 경우 윗부분과 아랫부분의 지름이 같아 선택하기 쉽지만, 오각뿔이나 원뿔같이 위쪽이 좁고 아래쪽으로 갈수록 넓어지는 형태의 캔들은 위와 아래 지름의 중간 사이즈 심지를 구입합니다.
- 왁스의 종류를 확인합니다. 사이트에 기재된 심지 사이즈 표는 소이 왁스 기준으로 제작된 표이기 때문에 소이 왁스에 비해 점성이 있고 융점이 높은 왁스들은 큰 사이즈를 구매 후 테스트해 봐야 합니다.

> **NOTE**
> **심지 사이즈별 권장 용기**
>
> **1호(3.8cm 내외)**
> 티라이트 용기
>
> **2호(4cm 내외)**
> 소주잔, 보티브 용기
>
> **3호(6cm 내외)**
> 종이컵, 온더락 용기
>
> **4호(7cm 내외)**
> 온더락 용기
>
> **5호(8cm 내외)**
> 라지 용기
>
> **6호(9~10cm 내외)**
> 라지 용기
>
> 쇼핑몰마다 심지 사이즈가 다르니 확인 후 구매하도록 합니다.

염료

1. 고체 염료

컬러 블록 형태로 색상이 다채로운 것이 특징입니다. 소량씩 잘라 사용하기 때문에 정확한 계량이 불가능하지만, 양이 적은 캔들을 제작할 때는 발색력이 너무 강한 액체 염료보다 유용하게 사용할 수 있습니다. 액체 염료에 비해 발색력이 낮아 많은 양을 첨가해야만 선명한 컬러로 조색할 수 있습니다.

고체 염료

2. 액체 염료

액체 형태로 몇 방울만 넣어도 발색이 진하게 됩니다. 방울로 첨가할 수 있기 때문에 고체 염료에 비해 정확한 계량이 가능하지만, 소량으로도 진한 색상이 나오기 때문에 조금씩 첨가해야 합니다. 고체 염료보다 가격이 비싼 편입니다.

액체 염료

세 번째로 프래그런스 오일이 많이 함유되면 왁스 전체의 오일 함량이 많아지므로 이염이 가속화됩니다. 프래그런스 오일의 양이 많아지면 프로스팅 현상까지 산발적으로 일어나기 때문에 소량의 오일만 첨가해야 합니다.

* 크림 제작 후 바로 온도를 낮추고 서늘한 곳에 보관하기
* 염료의 양이 적은 파스텔톤의 컬러로 조색하기
* 피그먼트칩 염료 사용하기
* 프래그런스 오일의 양 줄이기

NOTE
연소 시 주의사항

- 불을 끌 때 최대한 연기와 그을음이 발생하지 않도록 쇠막대 또는 윅 디퍼를 이용해 심지를 왁스에 담가 꺼야 합니다.

- 연소 시에는 꼭 환기를 시키며 사용해야 합니다.

- 일정 이상 연소하여 심지가 휘면 윅 트리머로 잘라 심지를 일정 길이로 유지해 줘야 그을음도 생기지 않고 깔끔합니다.

- 연소하지 않는 캔들은 뒤집어 놓거나 리드를 덮어 먼지가 쌓이지 않게 해야 합니다. (리드 : 컨테이너 캔들 위에 먼지가 쌓이는 것을 방지하고 향이 날아가는 것을 차단해 주는 역할을 하는 덮개)

PART 2.

MAKING CANDLES

수제 몰드 만들기

몰드 제작의 재료

실리콘 몰드에는 디저트 캔들 제작 시 많이 사용되는 데커레이션이나 과자, 식빵 등 여러 가지가 있지만, 시중에 판매하지 않는 것들도 있고 수제 몰드이기 때문에 가격이 높은 편입니다. 간단하게 직접 원하는 과자나 데커레이션 등의 장식을 만들어 볼 수 있도록 몰드 제작의 기본 재료와 만드는 방법에 대해 알아봅니다.

오브제
몰드를 제작할 오브제가 과자(아이비, 제크 등)처럼 표면이 매끈하면 상관없지만, 식빵이나 표면이 거친 과자들은 눈에는 보이지 않아도 기공이 많아서 실리콘을 넣으면 기공 사이로 모든 실리콘이 흡수돼 나중에 탈형하기가 쉽지 않습니다. 따라서 몰드 제작 전에 기름칠을 해 주거나 이형제를 뿌려 주면 좀 더 수월하게 탈형할 수 있습니다. 또한, 식빵처럼 습기가 있는 제품들은 실온에서 습기를 날린 후 건조한 상태로 제작해야 합니다.
가벼운 오브제들은 실리콘을 부을 시 위로 떠오를 수 있으므로, 제작 전에 접착제로 틀에 고정한 후 실리콘을 부어야 합니다. 제대로 고정해 놓지 않으면 경화 중간에 떠올라 제작이 불가하니 꼭 잘 고정한 후 진행해 주세요.

오브제

틀
몰드를 만들 수 있는 틀로는 가장 손쉽게 구할 수 있는 종이컵이 있습니다. 종이컵은 표면이 코팅되어 있고 틈새가 없어 실리콘을 부어도 새지 않기 때문에, 오브제가 종이컵에 들어가는 사이즈라면 종이컵을 추천합니다. 종이컵에 들어가지 않는 큰 오브제는 보통 코팅된 골판지 또는 OHP 필름지를 사용합니다. 코팅이 되지 않은 종이 등을 사용하면 실리콘이 달라붙어 사용하지 못하니 꼭 재질을 확인해 주세요. 오브제의 크기와 모양에 맞게 표면에 코팅된 골판지 또는 OHP 필름지를 두른 후 글루건이나 테이프로 고정해 주면 틀이 완성됩니다.

코팅된 골판지는 두껍기 때문에 고정이 잘 되는 특징이 있지만 불투명하기

틀

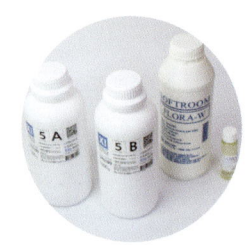

실리콘

때문에 안을 확인하기 쉽지 않다는 단점이 있습니다. 반면, OHP 필름지는 얇아서 고정이 쉽지 않지만 안을 확인할 수 있다는 장점이 있습니다. 초보자는 과정을 육안으로 확인할 수 있는 OHP 필름지를 추천합니다.

실리콘

실리콘은 축합형 실리콘과 부가형 실리콘 두 가지로 나뉩니다.

축합형 실리콘은 주제와 경화제가 100:3 비율로 사용되고, 보통 경화제에 컬러가 있어 주제와 경화제 잘 섞였는지 육안으로 확인할 수 있다는 장점이 있습니다. 하지만 초보자는 비율 조절에 실패하기도 하고 특유의 냄새가 있어 제작 시 힘든 점들이 있습니다.

반면 부가형 실리콘은 1:1 비율의 쉬운 계량과 아무런 냄새가 없다는 특징이 있습니다. 하지만 주제와 경화제의 컬러가 똑같아 잘 섞였는지 확인하기가 어려우므로, 충분히 오랫동안 잘 섞어 줘야 합니다. 간혹 부가형 실리콘이지만 컬러가 들어 있는 제품도 있습니다. 부가형 실리콘은 기포도 많이 생기지 않는 편이기 때문에 초보자는 부가형 실리콘이 제작하기 더 수월합니다.

실리콘은 경도가 낮을수록 말랑하기 때문에 실리콘을 고를 때는 낮은 경도를 고르는 게 좋습니다. 경화 시간은 보통 6시간이고 겨울보다는 여름에 더 빨리 경화가 진행됩니다. 주제와 경화제가 제대로 섞이지 않았다면 6시간이 흘러도 액체 상태이거나 끈적이게 되니 주의해 주세요.

> **NOTE**
> **실리콘 제작 시 주의사항**
> - 실리콘은 끈적거리고 바닥에 묻으면 잘 닦이지 않기 때문에 바닥에 종이를 깔고 작업합니다.
> - 용기의 입구 부분에 실리콘이 묻어 있으면 뚜껑을 잘 닫아도 밖으로 흐르기 때문에 뚜껑을 닫기 전에 입구 부분을 깨끗이 닦아 보관합니다.
> - 실리콘이 완전히 경화가 완료될 때까지는 액체 상태이기 때문에 먼지나 이물질이 달라붙지 않도록 작업 환경을 청결하게 유지합니다.
> - 실리콘은 특성상 경화가 완료되어도 왁스나 먼지가 잘 달라붙기 때문에 완성 후에는 지퍼백이나 OPP 봉투에 넣어 보관합니다.

몰드 제작하기

작은 오브제

Ingredient

부가형 실리콘 주제(A),
부가형 실리콘 경화제(B), 오브제

Make Tool

저울, 헤라 또는 시약 스푼, 가위,
목공풀, 플라스틱 컵 또는 종이컵,
몰드용 종이컵, 꼬치

1 부가형 실리콘의 주제와 경화제를 1:1 비율로 15g씩 총 30g 계량합니다.

2 시약 스푼 또는 헤라, 유리 막대를 이용해 천천히 1~2분 정도 섞어 줍니다. 너무 빠르게 저으면 기포가 생기니 천천히 위아래로 떠 올리며 저어 줍니다. 처음 계량한 주제가 가라앉아 있기 때문에 한쪽으로만 저으면 제대로 섞이지 않을 수 있습니다.

실리콘이기 때문에 나무젓가락 또는 실리콘 재질의 주걱을 사용하면 안 됩니다.

3 오브제를 종이컵 가운데에 고정해 줍니다.

오브제가 가볍기 때문에 목공풀을 이용해 고정해 줘야 합니다.

How To Make

4 섞은 실리콘을 오브제 위에 천천히 한 겹 부어 줍니다. 기포가 생기는지 확인합니다.

기포가 올라온다면 꼬치로 기포를 터트러 줍니다.

5 기포가 올라오지 않는다면 나머지 실리콘을 모두 천천히 부어 줍니다. 꼬치를 수직으로 세워 찍어 보며 실리콘이 오브제 위로 0.5~1cm 정도 올라왔는지 확인합니다.

6 최소 6시간 이상 충분히 경화 후 틀을 제거해 줍니다.

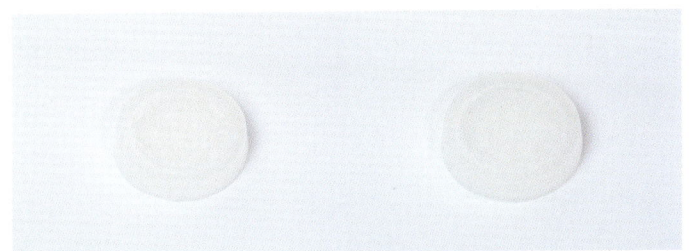

7 오브제를 꺼내고 몰드 안을 정리합니다.

과자는 부스러지는 경우가 많으니 조심해서 꺼내고, 과자에서 나오는 기름이 묻어 있으므로 세제로 깨끗이 씻어줍니다.

8 가위로 입구의 지저분한 부분을 정리해 마무리합니다.

큰 오브제

Ingredient
부가형 실리콘 주제(A),
부가형 실리콘 경화제(B), 오브제

Make Tool
저울, 헤라 또는 시약 스푼, 가위,
목공풀, 자, 글루건, 플라스틱 컵
또는 종이컵, OHP 필름지(복사용),
꼬치, 네임펜, 테이프

글루건 고정 방법(다양한 형태에 적합)

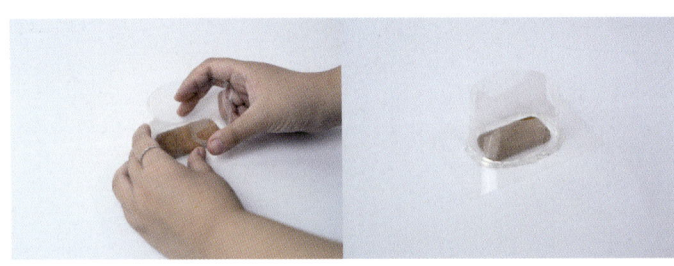

1 OHP 필름지 위에 오브제를 올려 고정해 줍니다. 오브제 주위로 1cm 정도의 여백을 두고 OHP 필름지를 둘러 준 후 끝부분을 테이프로 고정합니다.

2 바닥과 둘러 준 OHP 필름지 사이를 글루건으로 꼼꼼히 메꿔 줍니다. 글루건 틈 사이로 실리콘이 잘 새어 나오기 때문에 꼼꼼히 메꿔야 합니다.

How To Make

테이프 고정 방법(사각형 등 각이 있는 형태에 적합)

1 OHP 필름지에 오브제를 올려놓은 후 오브제 주위로 1cm 정도의 여백을 표시해 둡니다. 틀을 만들기 위해 네 면을 오브제의 높이보다 1cm 정도 높게 그려 줍니다.

2 스케치해 놓은 선을 따라 재단해 줍니다.

3 틀에 맞게 접어 준 후 테이프로 고정합니다.

실리콘을 부었을 때 네임펜이 묻어 나올 수 있으니 반대편으로 접어 줍니다.

몰드(큰 오브제) 제작

1 부가형 실리콘의 주제와 경화제를 1:1 비율로 25g씩 총 50g 계량합니다.

2 시약 스푼 또는 헤라, 유리 막대를 이용해 천천히 1~2분 정도 섞어 줍니다. 너무 빠르게 저으면 기포가 생기니 천천히 위아래로 떠 올리며 저어 줍니다. 처음 계량한 주제가 가라앉아 있기 때문에 한쪽으로만 저으면 제대로 섞이지 않을 수 있습니다.

실리콘이기 때문에 나무젓가락 또는 실리콘 재질의 주걱을 사용하면 안 됩니다.

3 오브제를 제작한 틀 가운데에 고정해 줍니다.

오브제가 가볍기 때문에 목공풀을 이용해 고정해 줘야 합니다.

How To Make

 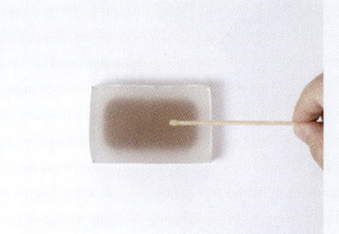 

4 섞은 실리콘을 오브제 위에 천천히 한 겹 부어 줍니다. 기포가 생기는지 확인합니다.

기포가 올라온다면 꼬치로 기포를 터트려 줍니다.

5 기포가 올라오지 않는다면 나머지 실리콘을 모두 천천히 부어 줍니다. 꼬치를 수직으로 세워 찍어 보며 실리콘이 오브제 위로 0.5~1cm 정도 올라왔는지 확인합니다.

6 최소 6시간 이상 충분히 경화 후 틀을 제거해 줍니다.

7 오브제를 꺼내고 몰드 안을 정리해 줍니다.

과자는 부스러지는 경우가 많으니 조심해서 꺼내고, 과자에서 나오는 기름이 묻어 있으므로 세제로 깨끗이 씻어 줍니다.

8 가위로 입구의 지저분한 부분을 정리해 마무리합니다.

PART 3.

MAKING CANDLES

소이 캔들

크림 제작 방법

크림은 디저트 캔들을 제작하는 데 케이크 코팅부터 장식까지 여러 가지로 사용되기 때문에 만드는 방법을 제대로 알고 만드는 게 중요합니다. 대표적으로 케이크에 붓는 드립용으로 사용하는 붓는 크림 제형과 장식할 때 사용하는 짜는 크림 제형 이렇게 두 가지의 크림 제형에 대해 배워 봅니다.

짜는 크림

짜는 크림을 만드는 방법은 크게 두 가지가 있습니다.

첫 번째는 휘핑기 없이 왁스를 저어 크림 제형을 만드는 방법입니다. 이 방법은 휘핑기 없이 만드는 간단한 방법이지만 왁스에 공기가 들어가지 않아 무겁고 금방 굳기 때문에 입구가 큰 깍지만 사용 가능합니다. 입구가 좁은 깍지를 사용할 경우 금방 굳어 입구가 막혀 버립니다. 휘핑기가 구비되어 있지 않고, 양이 적은 캔들을 작업하거나 입구가 큰 깍지만 사용해서 제작한다면 첫 번째 방법으로 만들면 됩니다.

두 번째는 휘핑기를 사용해서 왁스 사이에 공기를 많이 넣어 가벼운 크림 제형을 만드는 방법입니다. 이 크림은 입구가 좁은 깍지에 사용해도 바로 굳지 않기 때문에, 빈티지 케이크 캔들을 장식할 때 유용하게 사용할 수 있습니다. 실제 베이킹을 할 때 생크림을 만드는 것처럼, 휘핑기를 고속으로 돌려 크림 사이에 공기를 혼입시켜서 생크림의 형태를 만든 후, 저속으로 돌려 기공 정리를 통해 쫀쫀한 생크림을 만드는 것과 동일한 과정이라고 볼 수 있습니다.

첫 번째 방법으로 제작한 왁스는 무게가 있어 케이크 옆면에 장식하면 흘러내릴 수 있으니 빈티지 케이크를 제작하려면 두 번째 방법으로 만들어야 합니다. 이 방법은 타이밍을 잘 맞추지 않으면 크림 제형이 제대로 완성되지 않기 때문에, 타이밍을 잘 맞춰 제형을 만들어 주는 게 포인트입니다.

1. 휘핑기 없이 만드는 방법

Ingredient

네이처 왁스 100g,
프래그런스 오일 3g

Make Tool

핫플레이트, 저울, 비커,
시약 스푼 또는 헤라, 히팅건,
종이컵

1 왁스 100g을 계량합니다.

2 핫플레이트에 올려 2~3단으로 왁스를 녹여 줍니다.

3 왁스가 ⅓ 정도 남았을 때 핫플레이트에서 내려 잔열로 녹여 줍니다.

크림 제형은 온도를 내려서 작업해야 하므로 핫플레이트에서 왁스를 다 녹여 줄 필요 없이 잔열로 녹여도 괜찮습니다.

4 프래그런스 오일을 왁스 총량의 3%인 3g을 넣어 줍니다.

크림은 오일이 많이 들어가면 크림화가 잘 안 될 수 있으니 3~5% 정도만 넣어 주는 게 좋습니다.

5 왁스를 종이컵에 넣고 불투명해질 때까지 기다립니다. 중간중간 표면이 완전히 딱딱하게 굳지 않도록 저어 줍니다.

온도를 내리는 과정에서 저어 주지 않아 딱딱하게 굳는 부분이 생긴다면 처음부터 다시 녹여야 합니다. 덩어리진 부분들은 나중에 크림을 짤 때 입구를 막아 버리기 때문에 신경 써서 저어야 합니다.

6 완전한 크림 제형이 될 때까지 중간중간 저어 줍니다. 크림 제형이 거의 완성되면 꾸덕꾸덕해지는 느낌이 듭니다. 저었을 때 왁스가 다시 풀리면서 묽어지는 느낌이 든다면 더 굳혀야 합니다.

7 크림의 완성 포인트
 - 왁스를 저어도 다시 풀리면서 묽어지는 느낌이 없어야 합니다.
 - 처음과 비교하여 왁스가 꾸덕꾸덕하다는 느낌이 들어야 합니다.
 - 왁스에 시약 스푼 또는 헤라를 넣었다 뺐을 때 뿔이 계속 모양을 유지해야 합니다.

2. 휘핑기를 사용해서 만드는 방법

Ingredient

네이처 왁스 200g,
프래그런스 오일 6g

Make Tool

핫플레이트, 저울, 비커,
시약 스푼 또는 헤라, 히팅건,
휘핑기, 종이컵

1 왁스 200g을 계량합니다.

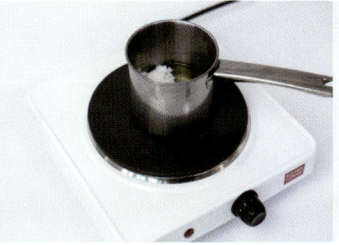

2 핫플레이트에 올려 2~3단으로 왁스를 녹여 줍니다.

3 왁스가 ⅓ 정도 남았을 때 핫플레이트에서 내려 잔열로 녹여 줍니다.

4 프래그런스 오일을 왁스 총량의 3%인 6g을 넣어 줍니다.

5 왁스를 종이컵에 넣고 불투명해질 때까지 기다립니다. 종이컵을 눌렀을 때 왁스의 제형이 슬러시 같고 표면이 살짝 굳어 있어야 합니다.

작업 환경에 따라 굳는 시간이 다르니 계속 확인해야 합니다. 왁스가 묽으면 크림 제형으로 넘어가지 않고, 굳으면 히팅건으로 녹여 가며 작업해야 합니다.

6 종이컵의 폭이 좁기 때문에 휘핑기의 날은 하나만 끼고 작업합니다.

7 휘핑기를 넣고 저속으로 돌려 표면의 왁스와 아래 깔려 있는 왁스를 전체적으로 섞어 줍니다.

휘핑하는 과정에서 부피가 증가하기 때문에 액체 상태의 왁스를 담을 때 넉넉한 종이컵을 사용합니다.

8 왁스가 어느 정도 섞였다면 고속으로 올려 섞어 줍니다. 이 과정에서 왁스 사이로 공기가 많이 혼입되면서 컬러가 아이보리에서 화이트로 변하고 부피도 증가합니다. 휘핑기를 넣었다 뺐을 때 크림은 뿔 모양을 유지해야 합니다.

부피가 증가하지 않고 계속 묽은 느낌이 있다면 왁스를 더 굳힌 후에 작업합니다.

9 뿔이 계속 모양을 유지한다면, 히팅건으로 표면을 살짝 녹인 후 다시 저속으로 돌려 혼입된 공기층을 균일하게 정리해 줍니다. 이 과정에서 매우 가볍고 크리미한 생크림 같은 제형으로 변합니다.

10 크림의 완성 포인트
  - 왁스를 저어도 다시 풀리면서 묽어지는 느낌이 없어야 합니다.
  - 컬러가 아이보리에서 화이트로 변하고 부피가 증가해야 합니다.
  - 왁스에 휘핑기를 넣었다 뺐을 때 뿔이 계속 모양을 유지해야 합니다.
  - 휘핑기 없이 만드는 방법보다 훨씬 가볍고 크리미한 느낌이 들어야 합니다.

모양 깍지 데커레이션

휘핑기를 사용해서 만든 크림을 이용해 빈티지 케이크에서 사용할 간단한 깍지 데커레이션을 하는 방법을 알아봅니다. 기본적인 데커레이션 방법으로, 작품에서 사용되는 깍지 외에도 여러 가지 깍지에 응용할 수 있으니 다양하게 연습해 보길 바랍니다.

모양을 짤 수 있는 크림 제형이긴 하지만 왁스의 특성상 금방 굳기 때문에, 손은 따뜻한 상태를 유지해야 하고 히팅건으로 틈틈이 녹여 가면서 작업해야 합니다. 본 작품에 들어가게 되면 왁스가 굳기 전에 예쁘고 빠르게 짜야 하므로, 충분히 연습하고 제작에 들어가도록 합니다.

1. 셸 짜기

별 깍지 35번

상투 깍지 195K

가장 기본적인 데커레이션 방법으로, 다양한 깍지에 사용할 수 있습니다. 별 깍지와 상투 깍지를 제일 많이 사용하니 두 가지 깍지는 충분히 연습해 주는 게 좋습니다.

1 깍지를 30° 정도로 유지한 채로 바닥에서 1cm 정도 떨어진 상태에서 바닥에 닿을 때까지 크림을 짜 줍니다.

2 손목 스냅을 이용해 살짝 앞쪽으로 갔다가 뒤로 가면서 앞쪽 머리를 동그랗게 짜 줍니다.

3 동그랗게 머리를 만들어 준 다음, 힘을 빼며 바닥에서 빠르게 뒤로 빼 날렵하게 크림을 마무리합니다.

4 이어서 크림을 짤 때는 크림의 꼬리에서부터 시작하여 처음 짰던 크림의 ⅓ 지점에 머리를 만든 다음 뒤로 빼 줍니다. 별 깍지, 상투 깍지 모두 동일한 방법으로 짜면 됩니다.

2. 팔자 짜기

별 깍지 35번

상투 깍지 195K

팔자 짜기는 짜는 크림의 원이 작고 안의 구멍이 보이지 않아야 하고, 첫 번째로 짠 원과 두 번째로 짠 원의 크기가 동일해야 합니다. 캔들은 보통 사이즈가 작기 때문에 데커레이션의 크기가 크면 장식의 한계가 있으므로, 원을 작게 짜는 연습을 충분히 해 주는 게 좋습니다.

1 깍지를 45° 정도로 유지한 채로 바닥에서 1cm 정도 떨어진 상태에서 바닥에 닿을 때까지 크림을 짜 줍니다.

2 오른쪽으로 돌리면서 짜 줍니다.

3 5시 방향으로 내리면서 바닥에 닿았을 때 빠르게 뒤로 빼 날렵하게 크림을 마무리합니다.

4 이전에 짠 크림의 꼬리에서부터 깍지를 45° 정도로 유지한 채로, 바닥에서 1cm 정도 떨어진 상태에서 바닥에 닿을 때까지 크림을 짜 줍니다.

5 이번에는 왼쪽으로 돌리면서 짜 줍니다.

6 1시 방향으로 내리면서 바닥에 닿았을 때 빠르게 뒤로 빼 날렵하게 크림을 마무리합니다.

7 팔자 짜기는 따로 장식을 하기도 하지만 보통은 이어서 장식을 많이 합니다. 팔자를 이어서 짤 때는 처음 짠 원의 꼬리에서부터 왼쪽으로 짜 줍니다.

8 처음 짰던 크림 꼬리의 ⅓ 지점에 겹쳐지도록 원을 짠 후, 1시 방향으로 내리면서 짜 줍니다.

9 동일한 방법으로 이전에 짰던 크림의 ⅓ 지점에 겹쳐지도록 계속 이어서 짜 줍니다. 자칫하면 원의 크기가 너무 커져서 원 사이의 구멍이 보일 수도 있으니 작고 일정하게 짜도록 합니다.

3. 일자 짜기/반원 짜기

원형 깍지 3호

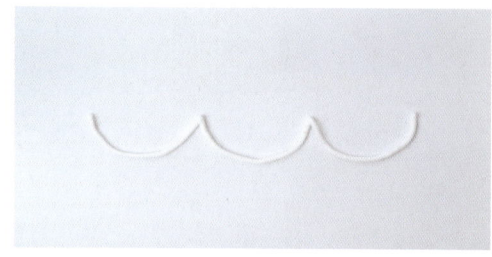
원형 깍지 3호

세밀한 장식을 할 때 가장 많이 사용하는 원형 깍지를 이용한 데커레이션 방법입니다. 원형 깍지는 입구가 좁아 금방 굳기 때문에, 일반적인 크림 제형보다 묽게 작업해야 합니다. 그래서 특히 연습이 많이 필요한 깍지이기도 합니다. 일자로 그려 놓고 그 위에 똑같이 따라 짜면서 연습하는 게 좋습니다.

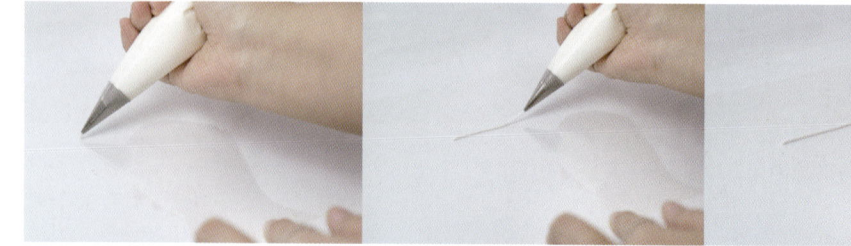

1 일자 짜기는 깍지를 20~30° 정도로 유지한 채로 바닥에서 1cm 정도 떨어진 상태에서 바닥에 닿을 때까지 크림을 짜 줍니다.

2 그 상태로 동일하게 힘을 주면서 옆으로 가며 짜 줍니다. 힘을 일정하게 주지 않으면 크림이 나오다 끊깁니다.

3 끝에 왔을 때는 살짝 힘을 빼면서 바닥에서 끊어 줍니다.

4 반원 짜기는 일자 짜기와 동일하게 깍지를 20~30° 정도로 유지한 채로 바닥에서 1cm 정도 떨어진 상태에서 바닥에 닿을 때까지 크림을 짜 줍니다.

5 반원 모양이 되도록 5시 방향으로 천천히 짜 줍니다. 원형 깍지를 사용할 때는 성급하게 가면 모양이 휘어지므로 천천히 원하는 모양이 나오도록 그림 그리듯 짜는 게 좋습니다.

6 반원 모양이 되도록 1시 방향으로 천천히 짜 줍니다.

 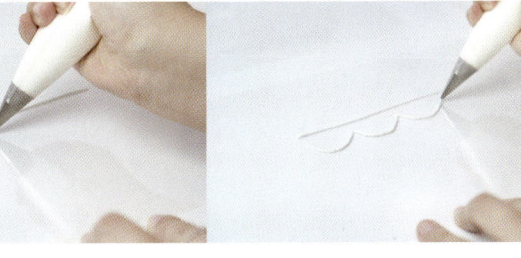

7 끝에 왔을 때는 살짝 힘을 빼면서 바닥에서 끊어 줍니다.

8 이어서 짤 때는 앞과 동일하게 앞서 만든 반원 모양을 보면서 일정하게 짜 줍니다. 처음 짜는 지점이 모두 동일 선상에 있도록 합니다.

붓는 크림

붓는 크림은 짜는 크림보다 제작하기 어렵습니다. 짜는 크림은 크림 제형을 만들면 어느 정도의 시간 동안은 크림 제형이 유지되는데, 붓는 크림은 제형이 유지되는 타이밍이 아주 짧기 때문에 처음에 연습할 때는 소량으로 연습하는 게 좋습니다. 그 후에 점점 익숙해지면 케이크에 사용할 수 있을 정도의 양을 넉넉히 녹여 작업하면 됩니다.

붓는 크림은 너무 묽으면 크림의 모양이 잡히지 않고 바닥으로 다 흐르고, 흐른 크림이 너무 얇아져서 캔들의 컬러가 비쳐 올라옵니다. 반면 너무 굳어 버리면 크림이 흐르지 않습니다. 충분한 연습으로 적절한 타이밍을 익혀야 합니다.

붓는 크림에도 프래그런스 오일을 첨가해도 되지만, 짜는 크림과 달리 붓는 크림은 상대적으로 넓은 면적이 공기에 닿아 빨리 굳기 때문에 프로스팅 현상이 산발적으로 일어납니다. 여기에 프래그런스 오일까지 더하면 프로스팅 현상이 더 심해지기 때문에, 붓는 크림에는 프래그런스 오일을 첨가하지 않는 걸 추천합니다.

Ingredient

네이처 왁스 200g

Make Tool

핫플레이트, 저울, 비커,
시약 스푼 또는 헤라,
히팅건, 종이컵

1 왁스 200g을 계량해 줍니다.

2 핫플레이트에 올려 2~3단으로 왁스를 녹여 줍니다.

3 왁스가 ⅓ 정도 남았을 때 핫플레이트에서 내려 잔열로 녹여주면서 부어야 하는 크림 제형이 될 때까지 계속 저어 줍니다.

농도가 유지되는 순간이 매우 짧기 때문에 완성 포인트를 보면서 빨리 작업해 줘야 합니다.

4 크림의 완성 포인트
  - 너무 묽지 않고 되직한 단계의 중간 농도입니다. 흐르는 크림은 아래로 흐르면서도 모양이 살아 있어야 하므로 너무 묽어도, 너무 되직해서도 안 됩니다.
  - 비커에 담긴 왁스를 좌우로 흔들었을 때 찰랑거리지 않고 천천히 따라와야 합니다.
  - 왁스를 헤라로 떠서 떨어트리면 아래에 약간 쌓이는 느낌이 듭니다. 헤라로 떠서 떨어지는 느낌을 보면 캔들에 부었을 때 어느 정도의 농도로 흘러내릴지를 유추해 볼 수 있습니다.
    • 묽은 경우 : 헤라로 떨어트렸을 때 주르륵 빠르게 흘러내립니다.
    • 되직한 경우 : 헤라로 떨어트렸을 때 한두 방울 정도만 떨어지고 헤라에서 굳어 떨어지지 않습니다.
  - 사이즈가 큰 케이크에 붓는 드립용 외에 머핀이나 까눌레 등 작은 사이즈의 캔들에 붓는 용으로도 사용 가능합니다.

아이스크림 캔들

컬러 조합에 따라 다양한 느낌이 나는 아이스크림 캔들을 만들어 봐요.
아이스크림 캔들은 단독으로도 사용하지만,
디저트 캔들 장식에도 많이 사용되는 캔들 중 하나입니다.
와플 캔들, 음료 캔들, 케이크 캔들 등에
포인트로 많이 사용되는 캔들인 만큼 세 가지 버전으로 배워 봅니다.

Ingredient

에코소야 CB-Advanced 왁스 30g, 에코소야 PB 왁스 30g, 프래그런스 오일 6g,
액체 염료(올리브그린, 헌터그린), 3호 코팅 심지

Make Tool

핫플레이트, 저울, 온도계, 비커, 시약 스푼 또는 헤라, 히팅건, 가위, 스쿱(5cm), 꼬치

How To Make

1 에코소야 CB-Advanced 왁스 30g, 에코소야 PB 왁스 30g 총 60g을 계량해 줍니다.

PB 왁스만 단독으로 사용하면 너무 빨리 굳어서 아이스크림의 결을 만들기가 어렵습니다. CB-Advanced 왁스와 섞어 경도를 낮추면 작업하기에 용이합니다.

2 핫플레이트에 올려 2~3단으로 왁스를 녹여 줍니다.

3 90℃ 정도에 올리브그린 액체 염료 한 방울과 헌터그린 액체 염료 반 방울을 넣어 그린티 컬러를 만들어 줍니다.

4 85℃ 정도에 프래그런스 오일을 왁스 총량의 10%인 6g을 넣어 줍니다.

5 왁스를 식히면서 시약 스푼 또는 헤라로 저어 줍니다. 어느 정도 굳으면 몽글몽글하게 왁스가 뭉쳐집니다.

6 스쿱으로 왁스가 봉긋 올라올 정도로 가득 퍼 줍니다.

손으로 만졌을 때 묻어나지 않고 온기가 있을 때 퍼야 아이스크림의 결이 잘 나옵니다.

How To Make

7 아이스크림의 프릴을 표현하기 위해 바닥에 스쿱을 눌러 왁스가 밀려 나오게 해 줍니다.

8 스쿱 손잡이를 눌러 아이스크림 캔들을 빼 줍니다. 왁스가 너무 묽으면 결이 표현되지 않고, 왁스가 너무 굳으면 부스러집니다.

9 심지 구멍을 만들기 위해 꼬치로 구멍을 뚫어 줍니다.

스쿱에서 빼자마자 작업해야 합니다. 캔들이 식으면 꼬치로 꽂을 시 쪼개질 수 있습니다.

10 3호 코팅 심지를 적당한 길이로 자른 후, 아이스크림 캔들의 아래쪽에서 위쪽으로 꽂아 줍니다.

11 꼬치를 이용해 심지를 말아 마무리합니다.

Try Again

쓰리 컬러 아이스크림 캔들

Ingredient

에코소야 CB-Advanced 왁스 50g, 에코소야 PB 왁스 50g, 프래그런스 오일 9g, 액체 염료(오렌지, 레드), 3호 코팅 심지

Make Tool

핫플레이트, 저울, 온도계, 비커, 시약 스푼 또는 헤라, 히팅건, 가위, 스쿱(5cm), 꼬치

1 에코소야 CB-Advanced 왁스 50g, 에코소야 PB 왁스 50g 총 100g을 계량해 줍니다.

컬러가 많아진 만큼 소분 시 발생하는 손실량이 많으므로 넉넉하게 계량해 줍니다.

2 핫플레이트에 올려 2~3단으로 왁스를 녹여 줍니다.

3 비커 3개에 약 33g씩 나눠 담습니다.

Try Again

4 90℃ 정도에 첫 번째 비커에는 오렌지 액체 염료를, 두 번째 비커에는 레드 액체 염료를 넣어 컬러를 만들어 줍니다. 화이트 컬러는 염료를 넣지 않으면 왁스 본연의 컬러인 화이트가 됩니다.

왁스의 양이 적긴 하지만 선명한 컬러를 내기 위해 액체 염료를 넣어 줍니다. 한 방울 또는 두 방울이 적당합니다.

5 85℃ 정도에 각 비커에 프래그런스 오일을 왁스 총량의 10%인 3g씩 넣어 줍니다.

6 왁스를 식히면서 시약 스푼 또는 헤라로 저어 줍니다. 어느 정도 굳으면 몽글몽글하게 왁스가 뭉쳐집니다.

7 컬러를 섞기 위해 시약 스푼 또는 헤라로 왁스를 소량씩 떠서 한 비커에 차곡차곡 쌓아 줍니다.

세 왁스의 제형이 비슷해야 합니다. 동일하게 맞춘 후 쌓아 주세요.

8 스쿱으로 왁스가 봉긋 올라올 정도로 가득 퍼 줍니다.

손으로 만졌을 때 묻어나지 않고 온기가 있을 때 퍼야 아이스크림의 결이 잘 나옵니다.

9 아이스크림의 프릴을 표현하기 위해 바닥에 스쿱을 눌러 왁스가 밀려 나오게 해 줍니다.

Try Again

10 스쿱 손잡이를 눌러 아이스크림 캔들을 빼 줍니다. 왁스가 너무 묽으면 결이 표현되지 않고, 왁스가 너무 굳으면 부스러집니다.

11 심지 구멍을 만들기 위해 꼬치로 구멍을 뚫어 줍니다.

스쿱에서 빼자마자 작업해야 합니다. 캔들이 식으면 꼬치로 꽂을 시 쪼개질 수 있습니다.

12 3호 코팅 심지를 적당한 길이로 자른 후, 아이스크림 캔들의 아래쪽에서 위쪽으로 꽂아 줍니다.

13 꼬치를 이용해 심지를 말아 마무리합니다.

Try Again

초코칩
아이스크림 캔들

Ingredient

아이스크림
에코소야 CB-Advanced 왁스 50g, 에코소야 PB 왁스 50g, 프래그런스 오일 10g, 액체 염료(블루), 3호 코팅 심지

초코칩
에코소야 PB 왁스 10g, 액체 염료(블루)

Make Tool

핫플레이트, 저울, 온도계, 비커, 시약 스푼 또는 헤라, 히팅건, 가위, 칼, 스쿱(5cm), 종이컵, 꼬치

초코칩

1 비커에 에코소야 PB 왁스 10g을 계량해 줍니다.

2 핫플레이트에 올려 2~3단으로 왁스를 녹여 줍니다.

3 미니 종이컵에 5g씩 나눠 담습니다.

Try Again

4 화이트 초코칩과 하늘색 초코칩을 만들기 위해 한쪽에 블루 액체 염료를 꼬치로 매우 소량만 찍어 넣어 컬러를 만들어 줍니다. 화이트 컬러는 염료를 넣지 않으면 왁스 본연의 컬러인 화이트가 됩니다.

양이 적어 굳는 속도가 매우 빠르므로, 종이컵에 옮기지 않고 냄비에서 조색 후 종이컵에 옮겨 담아도 됩니다.

5 완전히 굳힌 후 종이컵에서 탈형합니다.

6 칼을 이용해 적당한 크기로 잘라 초코칩을 준비합니다.

초코칩 아이스크림 캔들

1 에코소야 CB-Advanced 왁스 50g, 에코소야 PB 왁스 50g 총 100g을 계량해 줍니다.

컬러가 많아진 만큼 소분 시 발생하는 손실량이 많아 넉넉하게 계량해 줍니다.

2 핫플레이트에 올려 2~3단으로 왁스를 녹여 줍니다.

3 비커 2개에 약 50g씩 나눠 담습니다.

Try Again

4 90℃ 정도에 한쪽 비커에 블루 액체 염료를 넣어 컬러를 만들어 줍니다. 화이트 컬러는 염료를 넣지 않으면 왁스 본연의 컬러인 화이트가 됩니다.

진한 파란색이 아닌 연한 하늘색 컬러를 만들기 위해 액체 염료를 꼬치에 찍어 소량만 넣어 줍니다.

5 85℃ 정도에 각 비커에 프래그런스 오일을 왁스 총량의 10%인 5g씩 넣어 줍니다.

6 왁스를 식히면서 시약 스푼 또는 헤라로 저어 줍니다. 어느 정도 굳으면 몽글몽글하게 왁스가 뭉쳐집니다.

7 컬러를 섞기 위해 시약 스푼 또는 헤라로 왁스를 소량씩 떠서 한 비커에 차곡차곡 쌓아 줍니다.

두 왁스의 제형이 비슷해야 합니다. 동일하게 맞춘 후 쌓아 주세요.

8 스쿱으로 왁스가 봉긋 올라올 정도로 가득 퍼 줍니다.

손으로 만졌을 때 묻어나지 않고 온기가 있을 때 퍼야 아이스크림의 결이 잘 나옵니다.

9 아이스크림의 프릴을 표현하기 위해 바닥에 스쿱을 눌러 왁스가 밀려 나오게 해 줍니다.

Try Again

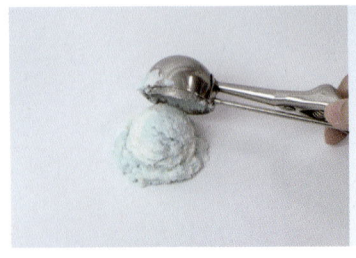  

10 스쿱의 손잡이를 눌러 아이스크림 캔들을 빼 줍니다. 왁스가 너무 묽으면 결이 표현되지 않고, 왁스가 너무 굳으면 부스러집니다.

11 심지 구멍을 만들기 위해 꼬치로 구멍을 뚫어 줍니다.

스쿱에서 빼자마자 작업해야 합니다. 캔들이 식으면 꼬치로 꽂을 시 쪼개질 수 있습니다.

12 캔들이 굳기 전에 만들어 놓은 초코칩을 적당한 위치에 꽂아 줍니다.

13 3호 코팅 심지를 적당한 길이로 자른 후, 아이스크림 캔들의 아래쪽에서 위쪽으로 꽂아 줍니다.

14 꼬치를 이용해 심지를 말아 마무리합니다.

머랭 쿠키 방향제

앙증맞고 귀여운 머랭 쿠키 방향제를 만들어 봐요.
머랭 쿠키 방향제는 심지 없이 왁스의 발향만으로 사용하는 캔들입니다.
짜는 크림으로 만들 수 있는 가장 간단한 작품으로,
기본적인 짜기 연습을 하기에도 좋은 캔들이니
다양한 깍지로 여러 가지 모양의 머랭 쿠키를 만들어 보면서 연습해 보세요.

Follow

Ingredient

네이처 왁스 150g, 프래그런스 오일 8g, 액체 염료(레드)

Make Tool

핫플레이트, 저울, 온도계, 비커, 시약 스푼 또는 헤라, 히팅건, 가위, 글루건, 휘핑기, 상투 깍지 195K,
짤주머니, 플라스틱 컵, 리본, 종이컵, 나무젓가락 또는 꼬치

How To Make

 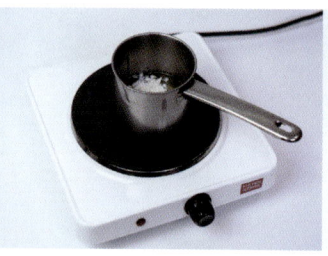 

1 네이처 왁스 150g을 계량해 줍니다.

컨테이너 왁스인 네이처 왁스만 사용하면 경도가 낮습니다. 정제 밀랍을 왁스 총량의 10% 정도 넣어서 제작하면 경도를 보완할 수 있습니다. 대신 정제 밀랍이 들어간 만큼 굳는 시간이 빨라지고 표면을 매끄럽게 만들기 어렵기 때문에, 숙련도를 쌓은 후 작업해 주세요.

2 핫플레이트에 올려 2~3단으로 왁스를 녹이다가 왁스가 ⅓ 정도 남으면 핫플레이트에서 내려 잔열로 모두 녹여 줍니다.

3 프래그런스 오일을 왁스 총량의 5%인 8g을 넣어 줍니다.

발향력을 높이기 위해 최대치인 5%를 넣어 줍니다.

4 왁스를 종이컵에 넣고 불투명해질 때까지 기다립니다. 종이컵을 눌렀을 때 왁스의 제형이 슬러시 같고 표면이 살짝 굳어 있어야 합니다.

5 휘핑기를 저속으로 설정하여 전체적으로 섞어 준 후, 뿔의 모양이 유지될 때까지 고속으로 돌려 줍니다. 그 후 히팅건으로 살짝 녹이고 다시 저속으로 돌려 크리미한 크림 제형을 완성해 줍니다.

짜는 크림 – 휘핑기를 사용해서 만드는 방법 41p

6 레드 액체 염료를 나무젓가락이나 꼬치로 소량 찍어 넣어 컬러를 만들어 준 후, 휘핑기를 이용해 전체적으로 섞어 줍니다.

염료를 미리 넣어도 되지만 액체 염료는 크림 상태에서도 잘 섞입니다. 크림화가 진행되면 컬러가 밝아지기 때문에, 크림이 완성된 후에 염료를 넣으면 조색이 더욱 편합니다. 소량의 액체 염료로도 발색이 잘 되니 꼭 소량씩 넣어 작업해 주세요.

How To Make

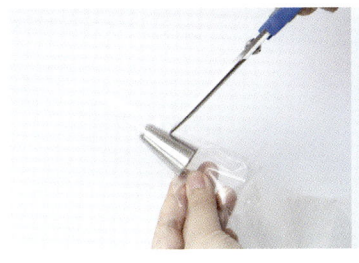

7 짤주머니에 상투 깍지 195K를 넣고 깍지의 ⅔ 지점을 가위로 잘라 줍니다.

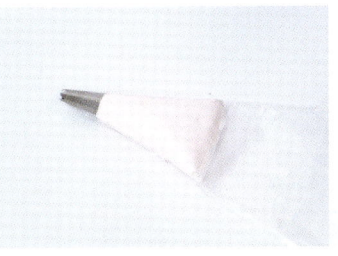

8 상투 깍지는 크림의 제형이 너무 되직하면 모양이 잘 나오지 않으니 히팅건으로 녹여 가면서 크리미한 상태의 크림을 짤주머니에 넣습니다.

9-1 바닥에서 1cm 정도 떨어진 상태에서 크림이 바닥에 닿아 동그랗게 될 때까지 짜 줍니다.

9-2 힘을 빼고 위로 빠르게 올려 주면 물방울 모양이 완성됩니다. 완전히 굳을 때까지 건조합니다.

9-3 제형이 너무 되직하면 크림의 끝부분이 뭉툭해집니다. 이럴 경우 크림을 히팅건으로 살짝 녹여 묽은 상태로 작업해 주세요.

10 플라스틱 컵에 머랭 쿠키 방향제를 담아 줍니다. 위쪽이 뚫려 있는 돔형 뚜껑을 사용하면 구멍 사이로 향이 퍼져 나옵니다. 플라스틱 컵 앞에 글루건을 이용해 리본을 붙여 줍니다.

머랭 쿠키는 융점이 낮은 네이처 왁스를 사용해 만들었기 때문에 오래 잡고 있으면 손의 열감으로도 살짝 녹을 수 있으니 서늘한 곳에 보관해 주세요.

Try Again

투톤 머랭 쿠키 방향제

머랭 쿠키 방향제는 한 가지 컬러가 아닌 두 가지의 컬러를 반반씩 넣어 투톤 머랭 쿠키로도 제작할 수 있습니다.

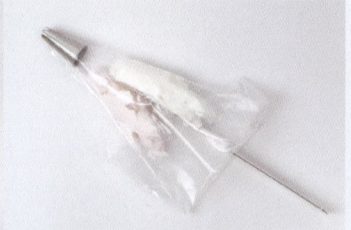
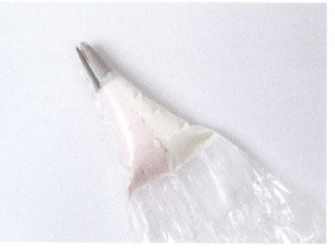

1 크림 제형을 완성한 후 동일한 분량을 종이컵에 나눠 담은 뒤, 한쪽 종이컵에 레드 액체 염료를 소량 넣어 핑크색 컬러를 만들어 줍니다.

2-1 짤주머니에 별 깍지 192K를 끼워 넣습니다. 헤라로 핑크 컬러의 크림을 적당량 퍼 짤주머니의 왼쪽에 붙여 넣습니다. 헤라를 깨끗이 닦아 준 다음, 이번에는 화이트 컬러의 크림을 적당량 퍼 오른쪽에 붙여 넣습니다.

헤라의 뒤쪽이 깨끗해야 반대쪽 컬러에 침범하지 않고 깔끔한 투톤이 됩니다.

2-2 동일하게 힘을 주면서 크림을 앞으로 밀어 빈틈이 없게 만들어 줍니다.

Try Again

3-1 바닥에서 1cm 정도 떨어진 상태에서 바닥에 닿을 때까지 크림을 짜 줍니다.

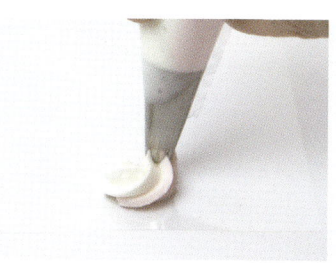

3-2 그 상태로 오른쪽으로 둥글게 동일한 힘을 주며 짜 줍니다.

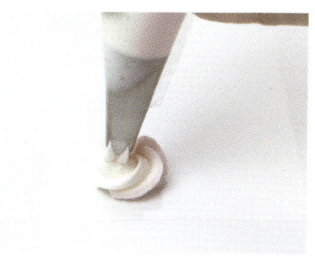

3-3 한 바퀴를 돌아 처음 지점에서 조금 더 안쪽으로 들어가면서 이어서 짜 줍니다.

3-4 처음에 짰던 크림의 반 정도 위치까지 짜 줍니다.

3-5 힘을 빼면서 위로 재빨리 올려 줍니다.

4 별 깍지 192K를 사용한 투톤 머랭 쿠키 방향제는 짜인 모양의 부피가 상투 깍지 195K로 짠 것보다 크기 때문에, 적은 개수로도 플라스틱 컵에 가득 찹니다. 별 깍지 192K로 작업할 때는 왁스의 양을 100g으로 줄여서 작업해 주세요.

ABC 초콜릿 캔들

큐브 모양의 달달한 ABC 초콜릿 캔들을 만들어 봐요.
밸런타인데이에 유용하게 사용할 수 있는 캔들 중 하나인 ABC 초콜릿 캔들은
만들기 쉬우면서도 실제 초콜릿과 표면의 질감까지 똑같은 캔들입니다.
디저트 캔들에서 제일 많이 사용하는 초코 컬러 조색에 대해 이해하고 연습할 수 있습니다.

Follow

Ingredient

에코소야 PB 왁스 220g, 프래그런스 오일 22g, 액체 염료(브라운, 블랙),
6호 코팅 심지, 티라이트용 심지

Make Tool

핫플레이트, 저울, 온도계, 비커, 시약 스푼 또는 헤라, 히팅건, 가위,
ABC 초콜릿 몰드, 심지 스티커, 유리병, 리본, 종이컵, 송곳

How To Make

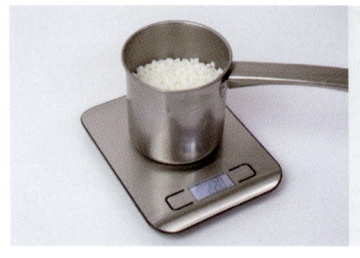  

1 에코소야 PB 왁스 220g을 계량해 줍니다.

2 핫플레이트에 올려 2~3단으로 왁스를 녹여 줍니다.

3 90℃ 정도에 브라운 액체 염료, 블랙 액체 염료를 각각 다섯 방울씩 넣어 줍니다.

브라운 액체 염료만 넣으면 레드 계열이 강해 갈색으로 발색되고 초콜릿 컬러가 나오지 않습니다. 블랙 액체 염료를 넣어 톤을 낮춰서 초콜릿 컬러를 만들어 줍니다. 브라운 액체 염료와 블랙 액체 염료는 1:1 비율로 넣습니다.

4 85℃ 정도에 프래그런스 오일을 왁스 총량의 10%인 22g을 넣어 줍니다.

5 75~80℃가 되면 히팅건으로 몰드를 살짝 데운 후 왁스를 부어 줍니다.

6 완전히 굳으면 글자 부분이 깨지지 않도록 조심스럽게 탈형합니다.

몰드가 차가우면 왁스를 붓는 동시에 굳어 글자 부분에 기포가 생기면서 글자가 깨집니다. 몰드를 데워서 온도를 충분히 높여 준 후에 부어야 글자가 깨지지 않습니다.

How To Make

7 심지 스티커를 붙인 6호 코팅 심지를 유리병 가운데에 붙이고 헤라를 이용해 단단히 고정해 줍니다.

8 ABC 초콜릿을 차곡차곡 쌓아 줍니다. 바깥에서 알파벳이 보이도록 넣고, 안쪽으로는 최대한 빈틈이 없도록 쌓아 줍니다. 심지는 캔들 위로 0.5~1cm 정도 남기고 잘라 줍니다.

빈틈이 생기면 연소가 되다가 왁스가 없어 꺼질 수 있습니다. 최대한 차곡차곡 쌓아 주세요.

9 유리병에 예쁘게 리본을 묶어 마무리합니다.

10 낱개마다 심지를 넣고 싶다면, ABC 초콜릿에 히팅건으로 데운 송곳을 넣어 심지 구멍을 뚫어 줍니다. 심지 구멍을 뚫는 지점이 제일 열을 많이 받아 구멍이 크기 때문에, 알파벳이 있는 앞면이 아닌 뒷면에서 심지 구멍을 뚫어 주세요.

11 티라이트용 심지를 넣어 줍니다.

12 ABC 초콜릿 포장지에 넣어 양쪽을 말아 마무리합니다.

초급　중급　고급

비스킷 캔들

층층이 귀여운 비스킷 캔들을 만들어 봐요.
직접 제작한 몰드로 만들어 보는 작품으로
얇은 비스킷 캔들을 컬러별로 쌓아 그러데이션되는 느낌이 특징인 캔들입니다.
염료의 양을 조금씩 늘리면서 캔들 조색에 대해 익혀 보도록 합시다.

Follow

Ingredient

에코소야 PB 왁스 42g, 정제 비즈 왁스 18g, 프래그런스 오일 6g,
고체 염료(브라운), 4호 코팅 심지

Make Tool

핫플레이트, 저울, 온도계, 비커, 시약 스푼 또는 헤라, 히팅건, 가위, 송곳,
비스킷 몰드, 종이컵

How To Make

1. 에코소야 PB 왁스 42g과 정제 비즈 왁스 18g을 계량해 줍니다. 비스킷 1개당 7.5g씩 8개를 제작하기 때문에 총 60g을 계량해 줍니다.

    프로스팅 현상은 실내 온도가 낮은 겨울과 실리콘 몰드에서 잘 발생합니다. 프로스팅 현상이 생긴다면 필라 왁스와 정제 밀랍을 7:3의 비율로 배합해서 제작해 주세요. 프로스팅 현상이 발생하지 않는다면 필라 왁스로만 제작해도 됩니다.

2. 핫플레이트에 올려 2~3단으로 왁스를 녹여 줍니다.

3. 100℃ 정도에 브라운 고체 염료를 칼로 소량 깎아 넣어 줍니다. 점점 컬러를 진하게 만들기 위해 1차 조색 시에는 소량만 넣어 줍니다.

    정제 비즈 왁스의 붓는 온도가 필라 왁스보다 높기 때문에, 두 가지 왁스를 배합하는 경우 온도는 더 높은 쪽을 따라갑니다.

  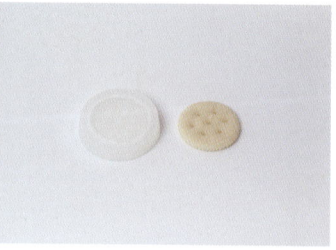

4. 95℃ 정도에 프래그런스 오일을 왁스 총량의 10%인 6g을 넣어 줍니다.

5. 90℃가 되면 히팅건으로 몰드를 살짝 데운 후 왁스를 부어 줍니다.

6. 열감이 사라지고 완전히 굳으면 몰드에서 탈형합니다. 남은 왁스를 다시 녹여서 똑같은 컬러의 비스킷 캔들을 1개 더 제작해 줍니다.

How To Make

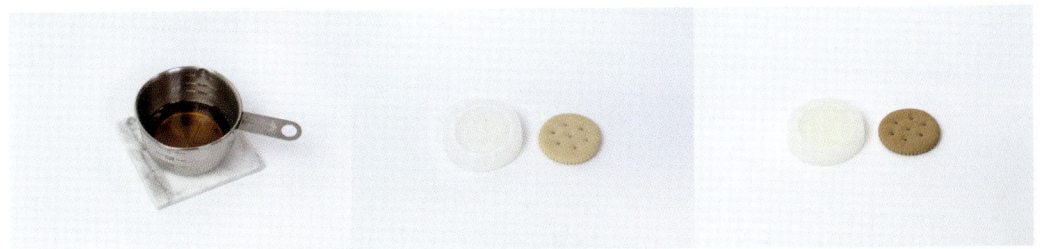

7 남은 왁스를 다시 녹여 100℃까지 올립니다. 브라운 고체 염료를 소량 깎아 넣어 컬러를 더 진하게 만든 후 몰드에 부어 줍니다.

8 열감이 사라지고 완전히 굳으면 몰드에서 탈형합니다. 남은 왁스를 다시 녹여서 똑같은 컬러의 비스킷 캔들을 1개 더 제작해 줍니다.

9 과정 7~8을 2번 반복하여 진한 컬러의 비스킷을 2개씩 총 4개를 추가로 만듭니다. 마지막 비스킷 캔들은 제작 후 열감은 남아 있지만 겉 부분이 다 굳은 상태에서 탈형합니다.

10 송곳을 히팅건으로 데워 비스킷 캔들에 심지 구멍을 뚫어 줍니다.

11 4호 코팅 심지를 캔들에 맞춰 자른 후 마지막 비스킷 캔들에 심지를 꽂아 줍니다. 완전히 식은 후에 심지를 꽂으면 심지 탭에 의해 쪼개질 수 있습니다.

12 차례대로 캔들을 꽂고 심지를 말아 마무리합니다.

초급　중급　고급

쿠키 캔들

초코칩이 콕콕 박힌 쿠키를 캔들로 만들어 봐요.
쿠키 캔들은 몰드에 부어서 만드는 캔들이 아닌, 손으로 빚어서 제작하는 캔들입니다.
이전 작품들에서 부어서 만드는 캔들의 기초를 쌓았으니
이번에는 이를 응용하여 온도를 낮추어 빚어서 만드는 캔들을 제작해 봅니다.
직접 손으로 만들어 쉽고 재미있게 제작할 수 있는 캔들입니다.

Ingredient

쿠키
에코소야 PB 왁스 40g, 프래그런스 오일 4g, 고체 염료(브라운),
액체 염료(브라운, 블랙), 1호 코팅 심지

초코칩
에코소야 PB 왁스 10g, 액체 염료(브라운, 블랙)

Make Tool

핫플레이트, 저울, 온도계, 비커, 시약 스푼 또는 헤라, 히팅건, 가위, 칼,
종이컵, 꼬치

How To Make

초코칩

1. 비커에 에코소야 PB 왁스 10g을 계량해 줍니다.
2. 핫플레이트에 올려 2~3단으로 왁스를 녹여 줍니다.
3. 90℃ 정도에 브라운 액체 염료와 블랙 액체 염료를 한 방울씩 넣어 줍니다.

   초코칩은 초코 쿠키 컬러보다 진해야 하므로 거의 블랙에 가까울 정도로 진하게 조색해 줍니다.

4. 종이컵에 붓고 충분히 굳힌 후 탈형합니다.
5. 칼을 이용해서 작게 잘라 초코칩을 만들어 줍니다.

How To Make

쿠키 캔들

1 에코소야 PB 왁스 40g을 계량해 줍니다. 쿠키 캔들 4개 분량입니다.

2 핫플레이트에 올려 2~3단으로 왁스를 녹여 줍니다.

3 비커에 20g씩 나눠 담습니다.

4 90℃ 정도에 한쪽 비커에는 브라운 고체 염료를 넣어 버터 쿠키 컬러를 내고, 다른 쪽 비커에는 브라운 액체 염료와 블랙 액체 염료를 반 방울씩 넣어 초코 쿠키 컬러를 냅니다.

소량의 초코 쿠키 왁스에 발색이 강한 액체 염료를 넣으면 초코칩 컬러만큼 진해지므로, 꼬치로 소량씩 찍어 넣어 초코 컬러를 만들어 줍니다.

5 85℃에 각 비커에 프래그런스 오일을 왁스 총량의 약 10%인 2g씩 넣어 줍니다.

6 왁스를 식히면서 시약 스푼 또는 헤라로 저어 줍니다. 어느 정도 굳으면 몽글몽글하게 왁스가 뭉쳐집니다.

손으로 만졌을 때 묻어나지 않고 온기가 있으면서 뭉쳐질 때 작업해 줍니다.

How To Make

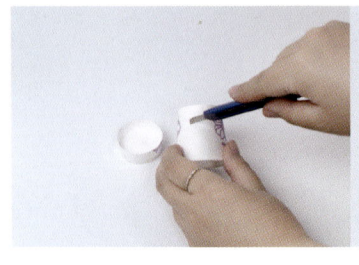
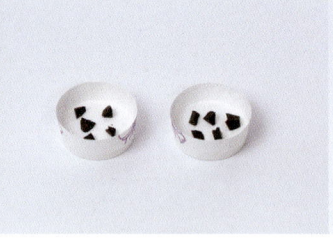

7 미니 종이컵을 바닥으로부터 1cm 높이까지 잘라 줍니다. 높이를 일정하게 자르지 않으면 쿠키가 한쪽만 두껍게 만들어지니 일정하게 잘라 주세요.

8 미니 종이컵 바닥에 초코칩을 4~5개 정도 깔아 줍니다.

초코칩은 안쪽으로 배치해 주세요. 왁스 덩어리를 넣으면서 바닥의 초코칩이 바깥쪽으로 밀릴 수 있기 때문에 안쪽에 배치해 주는 게 좋습니다.

9 뭉쳐진 왁스를 한 덩이로 만들어 종이컵 안에 넣습니다.

왁스가 너무 묽으면 쿠키의 질감이 살지 않고, 왁스가 너무 굳으면 부스러지면서 붙지 않습니다. 농도를 잘 맞춰서 작업해 주세요.

10 손으로 평평하게 다져 줍니다.

11 꼬치로 심지 구멍을 만들어 줍니다.

온기가 있을 때 작업해야 합니다. 식으면 쪼개질 수 있으니 빠르게 작업해 주세요.

12 캔들에 맞게 1호 코팅 심지를 자른 후 심지를 넣어 마무리합니다.

Try Again

쿠키 커터 캔들

쿠키 커터를 이용해서 다양한 모양의 쿠키 캔들을 만들 수 있습니다.

1 몽글몽글하게 뭉친 왁스를 OHP 필름지 위에 넓게 펼친 후 가운데에 심지를 꽂아 줍니다.

종이컵처럼 한쪽이 막혀 있지 않기 때문에 심지를 나중에 넣어 주지 않아도 됩니다.

2 쿠키 커터를 찍어 줍니다.

형태가 복잡한 쿠키 커터는 쪼개질 수 있으니 모양이 단순한 쿠키 커터를 사용해야 합니다.

3 쿠키 커터를 양쪽으로 넓혀 왁스와 쿠키 커터 사이의 공간을 만든 후 조심스럽게 왁스를 뺍니다. 탈형 후 데코 캔들펜을 이용해 눈을 그려 마무리합니다.

왁스가 굳으면 탈형 시 쪼개지니 최대한 빠르게 작업합니다.

초급 중급 고급

크림 토스트 왁스 타블렛

식빵 위에 알록달록 달콤한 크림을 듬뿍 올려
베리로 장식한 크림 토스트 왁스 타블렛을 만들어 봐요.
크림 토스트는 왁스 타블렛 형식의 캔들로,
왁스 타블렛은 심지 없이 왁스의 발향만으로 사용하는 캔들을 말합니다.
토스트의 크림은 초코, 땅콩 크림 등을 발라서 다양한 디자인을 만들 수 있습니다.

Ingredient

크림 토스트
에코소야 PB 왁스 40g, 프래그런스 오일 4g, 고체 염료(브라운)

베리
에코소야 PB 왁스 4g, 고체 염료(레드), 프리저브드 티트리

크림
네이처 왁스 50g, 프래그런스 오일 2g, 액체 염료(레드)

Make Tool

핫플레이트, 저울, 온도계, 비커, 시약 스푼 또는 헤라, 히팅건, 송곳, 목공풀,
핀셋, 몰드(식빵, 블루베리), 나무 막대, 종이컵

How To Make

베리

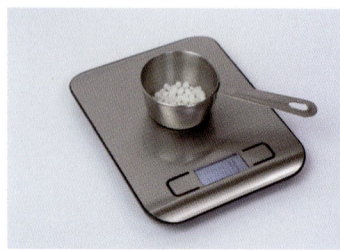

1 비커에 에코소야 PB 왁스 4g을 계량해 줍니다. 베리 2개 분량입니다.

2 핫플레이트에 올려 2~3단으로 왁스를 녹여 줍니다.

3 90℃ 정도에 레드 고체 염료를 칼을 이용해 소량 깎아 넣어 원하는 컬러를 만들어 줍니다.

4 75~80℃가 되면 히팅건으로 몰드를 살짝 데운 후 왁스를 부어 줍니다. 열감이 사라지고 완전히 굳으면 탈형합니다.

5 송곳으로 베리의 윗부분에 살짝 구멍을 냅니다.

6 프리저브드 티트리 잎을 뜯어 목공풀을 소량 묻혀 구멍 사이에 꽂은 후 건조해 줍니다.

티트리가 아니어도 그린 계열의 프리저브드를 활용하면 됩니다.

How To Make

크림

1 비커에 네이처 왁스 50g을 계량해 줍니다.

2 핫플레이트에 올려 2~3단으로 왁스를 녹여 줍니다. 왁스가 ⅓ 정도 남았을 때 핫플레이트에서 내려 잔열로 녹여 줍니다.

크림 제형은 온도를 내려서 작업해야 하므로 핫플레이트에서 왁스를 다 녹여 줄 필요 없이 잔열로 녹여도 괜찮습니다.

3 두 가지 컬러의 크림을 만들기 위해 25g씩 나눠 담습니다.

4 화이트 크림과 핑크색 크림을 제작하기 위해 한쪽 비커에 레드 액체 염료를 소량 넣어 핑크색을 만들어 줍니다.

5 각 비커에 프래그런스 오일을 왁스 총량의 4%인 1g씩 넣어 줍니다.

6 크림 제형이 될 때까지 중간중간 저어 줍니다. 크림 토스트의 크림은 뿔이 유지될 때까지 저어 주면 실내 온도가 낮은 겨울철에는 바르면서 굳어 버리기 때문에, 히팅건으로 녹여 크리미한 상태로 만들어 줘야 매끈하게 나옵니다.

왁스의 양이 적어 금방 굳으니 히팅건으로 녹여 가면서 농도를 계속 맞춰 주세요.

How To Make

크림 토스트 왁스 타블렛

1. 비커에 에코소야 PB 왁스 40g을 계량해 줍니다.

   프로스팅 현상은 실내 온도가 낮은 겨울과 실리콘 몰드에서 잘 발생합니다. 프로스팅 현상이 생긴다면 필라 왁스와 정제 밀랍을 7:3의 비율로 배합해서 제작해 주세요. 프로스팅 현상이 발생하지 않는다면 필라 왁스로만 제작해도 됩니다.

2. 핫플레이트에 올려 2~3단으로 왁스를 녹여 줍니다.

3. 90℃ 정도에 브라운 고체 염료를 소량 깎아 넣어 원하는 컬러를 만들어 줍니다.

4. 85℃ 정도에 프래그런스 오일을 왁스 총량의 10%인 4g을 넣어 줍니다.

5. 75~80℃가 되면 히팅건으로 몰드를 살짝 데운 후 왁스를 부어 줍니다.

6. 열감이 사라지고 완전히 굳으면 천천히 탈형합니다.

   식빵 몰드는 촘촘한 굴곡이 많아서 바로 탈형하면 쪼개지는 경우가 많으니 끝에서부터 살살 탈형해 줍니다.

How To Make

7-1 나무 막대로 크림을 동그랗게 떠 줍니다. 이때 굴곡이 없어야 발랐을 때 볼록하게 잘 나옵니다.

떠 줄 때 모양이 잘 잡히지 않는다면 히팅건으로 살짝 녹여서 크리미한 상태로 만들어 주세요.

7-2 나무 막대를 대각선으로 놓습니다.

7-3 천천히 사선 아래로 내려 줍니다. 너무 힘을 주어 급격하게 내리면 크림이 깎여 보이니 통통한 느낌을 살리려면 힘을 빼고 천천히 내려야 합니다.

7-4 다음 크림을 올리기 위해 바닥에 밀착해서 빼 줍니다. 화이트 크림과 핑크색 크림을 교차로 바릅니다.

8 두 번째 줄 가운데에 크림을 바른 후 굳기 전에 빨리 베리를 얹어 줍니다.

9 나머지 크림도 발라 줍니다. 베리를 가운데에 두기 위해 3×3으로 발랐지만, 크림을 소량으로 퍼서 3×4로 발라 주면 좀 더 촘촘한 느낌의 크림 토스트가 완성됩니다.

초급　중급　고급

바크 초콜릿
왁스 타블렛

얇은 초코 스퀘어 위에 말린 과일과 견과류를 올린 바크 초콜릿을 캔들로 만들어 봐요.
바크 초콜릿은 왁스 타블렛 형식의 캔들로, 드라이 오렌지와 견과류 등
리얼한 장식들로 다양하게 만들어 볼 수 있습니다.
실제 바크 초콜릿 디자인을 참고하면 더 그럴듯하게 제작해 볼 수 있겠죠?

Follow

Ingredient

바크 초콜릿
에코소야 PB 왁스 30g, 프래그런스 오일 3g, 고체 염료(오렌지), 드라이 오렌지

견과류 & 크럼블
에코소야 PB 왁스 10g, 고체 염료(브라운)

Make Tool

핫플레이트, 저울, 온도계, 비커, 시약 스푼 또는 헤라, 히팅건, 가위, 핀셋,
몰드(스퀘어 타블렛, 견과류), 종이컵, 리본

How To Make

견과류 & 크럼블

1 비커에 에코소야 PB 왁스 10g 을 계량해 줍니다.

2 핫플레이트에 올려 2~3단으로 왁스를 녹여 줍니다.

3 90℃ 정도에 브라운 고체 염료를 소량 깎아 넣으며 원하는 컬러를 만들어 줍니다.

4 75~80℃가 되면 히팅건으로 몰드를 살짝 데운 후 왁스를 부어 줍니다. 열감이 없고 완전히 굳었다면 탈형해 견과류를 준비합니다.

5 몰드에 붓고 남은 왁스는 아몬드 크럼블을 만들기 위해 다시 핫플레이트에 올려 녹인 후, 브라운 고체 염료를 소량 더 넣어 견과류보다 진한 컬러를 만들어 줍니다.

견과류와 동일한 컬러로 만들어도 되지만 염료를 추가해 약간의 컬러 차이만 줘도 작품이 훨씬 다채로워 보입니다.

6 식으면서 온도가 떨어지면 시약 스푼이나 헤라를 이용해 몇 번 저어 주며 덩어리를 만듭니다. 너무 저으면 덩어리지지 않고 부스러지니, 서너 번 정도 저어 주면서 일정하지 않은 형태의 덩어리를 만들어 줍니다.

How To Make

바크 초콜릿 왁스 타블렛

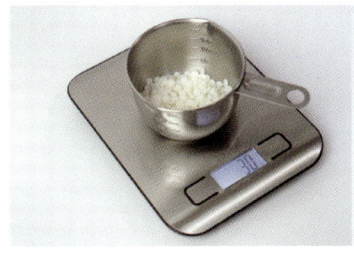

1 비커에 에코소야 PB 왁스 30g을 계량해 줍니다.

스퀘어 몰드에는 총 60g 정도의 왁스가 들어가지만 바크 초콜릿의 느낌을 살리려면 30g 정도가 적당합니다.

2 핫플레이트에 올려 2~3단으로 왁스를 녹여 줍니다.

3 90℃ 정도에 오렌지 고체 염료를 소량 깎아 넣으며 원하는 컬러를 만들어 줍니다.

4 85℃ 정도에 프래그런스 오일을 왁스 총량의 10%인 3g을 넣어 줍니다.

5 75~80℃가 되면 히팅건으로 몰드를 살짝 데운 후 왁스를 부어 줍니다.

6 왁스가 다 굳으면 히팅건으로 윗부분만 충분히 녹여 주세요. 윗부분이 찰랑거릴 정도로 녹여 줘야 합니다.

이 방법 말고도 표면이 살짝 굳어갈 때쯤 장식을 꽂는 방식이 있습니다. 이 방식은 가벼운 장식을 올릴 때는 괜찮지만 무게가 있는 장식은 무게 때문에 왁스가 밀려 올라가 표면이 울퉁불퉁해집니다. 왁스의 윗부분만 녹여 장식물을 꽂으면 표면이 깔끔한 왁스 타블렛을 제작할 수 있습니다.

How To Make

7-1 준비해 준 장식을 올립니다. 가장 큰 부분을 차지하는 드라이 오렌지의 위치부터 잡아 줍니다.

7-2 빈 곳에 견과류를 꽂아 줍니다. 왁스가 빨리 굳기 때문에 올리기 전에 구상 후 바로 자리에 꽂아야 합니다.

7-3 크기가 큰 크럼블을 빈 곳에 꽂아 주고 나머지 작은 크럼블을 흩뿌려 준 뒤 손으로 살짝 눌러 고정합니다.

왁스 타블렛은 연소하지 않고 사용하는 제품이기 때문에, 왁스가 빨리 굳어 크럼블이 고정되지 않을 때는 목공풀을 이용해 크럼블을 고정해 줍니다.

8 열감이 사라지고 완전히 굳으면 몰드에서 탈형합니다.

9 리본을 묶어 마무리합니다.

Try Again

딸기 바크 초콜릿 &
오레오 바크 초콜릿

드라이 오렌지 외에도 바크 초콜릿에 많이 사용되는 딸기와 오레오 등을 이용해서 다른 종류의 바크 초콜릿을 제작할 수 있습니다. 크럼블 이외에도 간단한 방법으로 커팅된 초콜릿을 이용해 꾸며 봅니다.

딸기   오레오   크럼블 형태

젤 왁스로 제작한 딸기는 젤의 특성상 자르고 바로 떼지 않으면 붙어버리기 때문에, 커터칼을 충분히 데워 한 번에 자른 후 장식해 주세요.

소이 왁스로 제작한 오레오는 한번에 자르면 쪼개지기 때문에 데운 커터칼로 조금씩 잘라 줍니다.

왁스를 종이컵에 부어 굳힌 후 칼로 잘라 주면 초코칩 같은 깔끔한 단면으로 크럼블과는 또 다른 느낌의 작품을 만들 수 있습니다.

초급　중급　고급

오레오 캔들

진한 쿠키와 크리미한 하얀 크림이 찰떡궁합인 오레오를 캔들로 만들어 봐요.
오레오 캔들은 크림을 샌드하는 형식의 캔들로
크림의 농도 중 묽은 편에 해당하는 크림을 사용합니다.
크림이 샌드되는 과자는 동일한 방법으로 제작되니,
직접 만든 몰드에 크림을 넣어 다양하게 만들어 보세요.
오레오 캔들은 낱개 또는 4개 정도를 쌓아서 높게 제작할 수 있습니다.

Follow

Ingredient

오레오
에코소야 PB 왁스 14g, 정제 비즈 왁스 6g, 프래그런스 오일 2g,
액체 염료(블랙), 3호 코팅 심지

크림
네이처 왁스 20g

Make Tool

핫플레이트, 저울, 온도계, 비커, 시약 스푼 또는 헤라, 히팅건, 가위,
오레오 몰드, 꼬치, 종이컵

How To Make

크림

1 비커에 네이처 왁스 20g을 계량해 줍니다.

2 핫플레이트에 올려 2~3단으로 왁스를 녹이다가 왁스가 ⅓ 정도 남으면 핫플레이트에서 내려 잔열로 모두 녹여 줍니다.

3 계속 저어 주면서 액체처럼 흐르지 않을 정도의 묽은 크림 제형을 만들어 준비합니다.

샌드 크림은 깍지를 껴서 모양을 만드는 것이 아니기 때문에 흐르지 않을 정도로만 저어 줍니다. 크림의 양이 적어 첨가할 프래그런스 오일의 양도 1g 미만이므로 오일은 첨가하지 않습니다.

오레오 캔들

1 에코소야 PB 왁스 14g, 정제 비즈 왁스 6g을 계량 후, 핫플레이트에 올려 2~3단으로 왁스를 녹여 줍니다.

블랙에 가까운 어두운 컬러를 조색할 때 소이 왁스만 넣으면 프로스팅 현상이 발생하거나 블랙 컬러가 깔끔하게 나오지 않습니다. 이럴 경우, 필라 왁스와 정제 비즈 왁스를 7:3 비율로 넣어서 제작해 줍니다.

2 100℃ 정도에 블랙 액체 염료를 두 방울 넣어 블랙 컬러를 만들어 줍니다.

정제 비즈 왁스의 붓는 온도가 필라 왁스보다 높기 때문에, 두 가지 왁스를 배합하는 경우 온도는 더 높은 쪽을 따라갑니다.

3 95℃ 정도에 프래그런스 오일을 왁스 총량의 10%인 2g을 넣어 줍니다.

How To Make

4 90℃가 되면 히팅건으로 몰드를 살짝 데운 후 왁스를 부어 줍니다.

5 윗면이 살짝 굳으면 꼬치를 꽂아 심지 구멍을 만들고 캔들이 완전히 굳기 전에 중간중간 돌려 줍니다. 돌리지 않으면 캔들이 수축하면서 꼬치가 왁스에 달라붙을 수 있습니다.

캔들이 너무 굳어서 꼬치가 들어가지 않는다면 송곳을 히팅건으로 달궈서 심지 구멍을 만들어도 됩니다.

6 열감은 살짝 남아 있지만 겉 부분이 모두 굳었다면 조심스럽게 탈형합니다. 바닥면 오레오에 3호 코팅 심지를 꽂아 줍니다.

완전히 굳으면 심지를 꽂을 때 심지 탭에 의해 쪼개질 수 있으니 열감이 남아 있을 때 탈형해야 합니다.

7 묽은 크림을 떠서 동그랗게 얹어 줍니다.

8 윗면 오레오도 심지에 넣고 살짝 눌러 고정해 줍니다.

9 꼬치를 이용해 심지를 말아 마무리합니다.

초급　중급　고급

마카롱 캔들

쫀득한 꼬끄와 꾸덕꾸덕한 크림이 다양하게 조합되는 마카롱을 캔들로 만들어 봐요.
마카롱 캔들은 짜는 형식의 샌드 크림과
투톤으로 제작한 장식 크림을 사용해서 만듭니다.
가장 대표적인 디저트 캔들로 장식 크림 위에
과일, 초콜릿, 후르츠 링 등을 올려 다양한 디자인으로 제작할 수 있습니다.

Follow

Ingredient

마카롱
에코소야 PB 왁스 40g, 프래그런스 오일 4g, 고체 염료(레드), 3호 코팅 심지

후르츠 링
에코소야 PB 왁스 2g, 고체 염료(레드)

초콜릿
에코소야 PB 왁스 12g, 액체 염료(브라운, 블랙)

크림
네이처 왁스 150g, 프래그런스 오일 5g, 액체 염료(브라운, 블랙)

Make Tool

핫플레이트, 저울, 온도계, 비커, 시약 스푼 또는 헤라, 히팅건, 휘핑기,
가위, 몰드(마카롱, 후르츠 링, 초콜릿), 짤주머니, 별 깍지 192K, 종이컵, 꼬치

How To Make

후르츠 링

1 에코소야 PB 왁스 2g을 계량해 줍니다. 후르츠 링 2개 분량입니다.

2 핫플레이트에 올려 2~3단으로 왁스를 녹여 줍니다.

3 90℃ 정도에 레드 고체 염료를 소량 깎아 넣어 원하는 컬러를 만들어 줍니다.

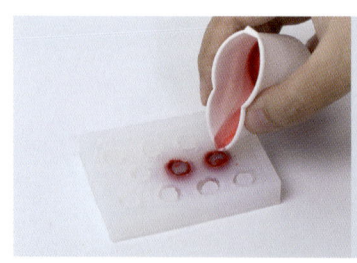 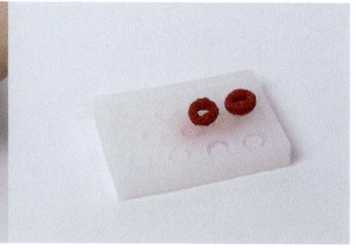

4 75~80℃가 되면 히팅건으로 몰드를 살짝 데운 후 왁스를 부어 줍니다.

5 열감이 사라지고 완전히 굳으면 천천히 탈형해 후르츠 링을 준비합니다.

How To Make

초콜릿

1 에코소야 PB 왁스 12g을 계량해 줍니다. 초콜릿 4개 분량입니다.

2 핫플레이트에 올려 2~3단으로 왁스를 녹여 줍니다.

3 90℃ 정도에 브라운 액체 염료와 블랙 액체 염료를 꼬치로 소량 찍어 넣어 초콜릿 컬러를 만들어 줍니다.

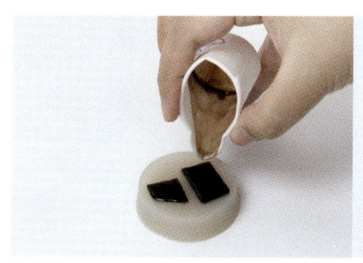 

4 75~80℃가 되면 히팅건으로 몰드를 살짝 데운 후 왁스를 부어 줍니다.

5 열감이 사라지고 완전히 굳으면 천천히 탈형해 초콜릿을 준비합니다.

How To Make

크림

 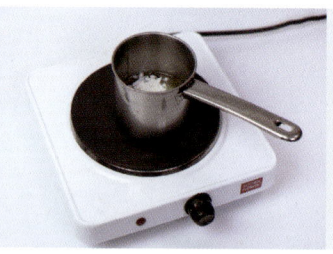 

1. 네이처 왁스 150g을 계량해 줍니다.
2. 핫플레이트에 올려 2~3단으로 왁스를 녹이다가 왁스가 ⅓ 정도 남으면 핫플레이트에서 내려 잔열로 모두 녹여 줍니다.
3. 프래그런스 오일을 왁스 총량의 3%인 5g을 넣어 줍니다.

4. 왁스를 종이컵에 넣고 불투명해질 때까지 기다립니다. 종이컵을 눌렀을 때 왁스의 제형이 슬러시 같고 표면이 살짝 굳어 있어야 합니다.
5. 휘핑기를 저속으로 설정하여 전체적으로 섞어 준 후, 뿔의 모양이 유지될 때까지 고속으로 돌려 줍니다. 그 후 히팅건으로 살짝 녹이고 다시 저속으로 돌려 크리미한 크림 제형을 완성해 줍니다.

   짜는 크림 - 휘핑기를 사용해서 만드는 방법 41p
6. 크림의 ⅓을 샌드 크림으로 사용하기 위해 짤주머니에 별 깍지 192k를 끼고 크림을 넣어 준비합니다.

How To Make

7 나머지 크림은 장식용 크림으로 사용합니다. 투톤 크림을 만들기 위해 반으로 나눠 한쪽에는 염료를 넣지 않고 화이트로 준비해 줍니다.

샌드 크림을 짜는 사이에 장식용 크림이 굳으니 히팅건으로 계속 녹여 가며 제형을 유지해 줘야 합니다.

8 다른 한쪽에는 브라운 액체 염료와 블랙 액체 염료를 꼬치로 소량 찍어 넣어 초콜릿 컬러를 만들어 줍니다.

크림화된 왁스는 컬러가 훨씬 밝아 염료를 소량만 넣어도 컬러가 진해 보이니 소량씩 넣어 주세요.

9 짤주머니에 별 깍지 192k를 끼고 헤라로 각 크림을 적당량 퍼 양쪽에 넣은 후, 앞쪽으로 밀어 반반씩 꽉 차게 만들어 준비합니다.

마카롱 캔들

1 비커에 에코소야 PB 왁스 40g을 계량해 줍니다. 마카롱 2개 분량입니다.

2 핫플레이트에 올려 2~3단으로 왁스를 녹여 줍니다.

3 90℃ 정도에 레드 고체 염료를 소량 깎아 넣어 핑크 컬러를 만들어 줍니다. 85℃ 정도에 프래그런스 오일을 왁스 총량의 10%인 4g을 넣어 줍니다.

How To Make

 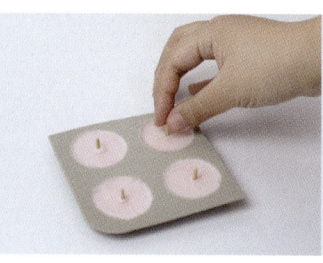 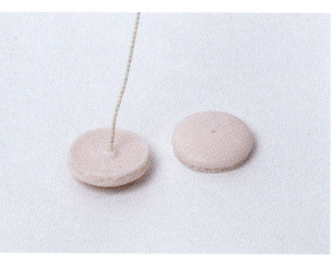

4 75~80℃가 되면 히팅건으로 몰드를 살짝 데운 후 왁스를 부어 줍니다.

5 겉면이 살짝 굳으면 꼬치를 이용해 심지 구멍을 만들어 줍니다.

6 겉면이 모두 굳고 아직 열감이 살짝 남아 있을 때 천천히 탈형합니다. 짝을 맞춘 후 아래쪽 마카롱에 3호 코팅 심지를 꽂아 줍니다.

완전히 굳으면 심지를 꽂을 때 심지 탭에 의해 쪼개질 수 있습니다.

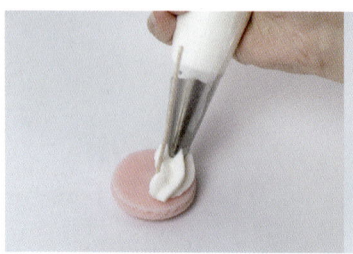  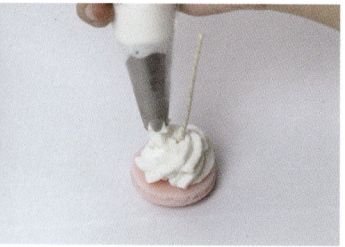

7-1 마카롱의 테두리를 따라 샌드 크림을 짜 줍니다.

7-2 가운데에 심지가 있기 때문에 심지를 둘러 한 바퀴를 짜 줍니다.

7-3 한 바퀴만 짜면 높이가 너무 낮기 때문에, 두 바퀴를 짜 줍니다. 마카롱은 샌드 크림의 위쪽이 아니라 옆쪽만 보이므로 크림을 짤 때는 옆쪽을 신경 쓰면서 짜야 합니다.

How To Make

8 크림이 굳기 전에 나머지 한쪽 마카롱을 살짝만 덮어 줍니다. 깍지의 모양이 보여야 예쁘기 때문에 살짝만 눌러 샌드 크림의 모양을 살려 줍니다.

9-1 처음 장식 크림을 짤 때는 살짝 밖으로 짜 준다는 느낌으로 짭니다.

두 바퀴를 짜야 하기 때문에 처음부터 너무 좁게 짜면 아래 크림과 위 크림이 일자로 이어져서 크림의 모양이 예쁘게 나오지 않습니다.

9-2 심지를 둘러 한 바퀴를 짜 줍니다. 처음 짰던 부분으로 올수록 심지에 가깝게 짭니다.

9-3 한 바퀴 반 정도 위치에서 심지를 돌면서 힘을 빼고 사선으로 빠르게 빼 줍니다.

10 크림이 굳기 전에 초콜릿을 꽂고 후르츠 링을 앞쪽에 얹은 후 살짝만 눌러 고정합니다.

11 꼬치로 심지를 말아 마무리합니다.

산딸기 타르트 캔들

타르트 반죽 위에 생크림을 듬뿍 올리고
탱글탱글한 산딸기를 가득 채운 산딸기 타르트를 캔들로 만들어 봐요.
베이킹 몰드를 사용해 타르트를 만들고, 크림을 짠 후 젤 왁스로 만든 산딸기를 올려 장식합니다.
마지막 포인트로 아몬드와 슈가 파우더를 뿌려 리얼함을 살립니다.
슈가 파우더는 다양한 디저트 캔들에 마무리로 사용되는 장식으로,
간단하게 제작해서 사용할 수 있습니다.

Follow

Ingredient

산딸기 타르트
에코소야 PB 왁스 80g, 프래그런스 오일 8g, 고체 염료(브라운), 6호 코팅 심지

산딸기
HP 젤 왁스 70g, 프래그런스 오일 2g, 고체 염료(레드)

아몬드
에코소야 PB 왁스 10g, 고체 염료(브라운)

슈가 파우더
에코소야 PB 왁스 10g

크림
네이처 왁스 150g, 프래그런스 오일 5g

Make Tool

핫플레이트, 저울, 온도계, 비커, 시약 스푼 또는 헤라, 히팅건, 종이컵, 가위, 휘핑기,
몰드(타르트, 산딸기), 나무젓가락, 짤주머니, 별 깍지 192k, 꼬치

How To Make

산딸기

1 비커에 HP 젤 왁스 70g을 계량해 줍니다.

2 핫플레이트에 올려 3~4단으로 왁스를 녹여 줍니다.

3 110℃ 정도에 레드 고체 염료를 소량 깎아 넣어 원하는 컬러를 만들어 줍니다.

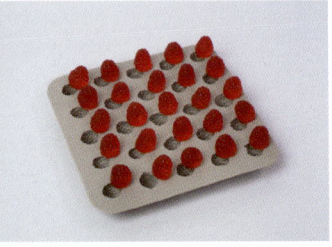

4 105℃ 정도에 프래그런스 오일을 왁스 총량의 3%인 2g을 넣어 줍니다.

5 100℃가 되면 히팅건으로 몰드를 살짝 데운 후 왁스를 부어 줍니다.

6 열감이 사라지고 완전히 굳으면 천천히 탈형해 산딸기를 준비합니다.

How To Make

아몬드

1. 비커에 에코소야 PB 왁스 10g을 계량해 줍니다.
2. 핫플레이트에 올려 2~3단으로 왁스를 녹여 줍니다.
3. 90℃ 정도에 브라운 고체 염료를 소량 깎아 넣어 원하는 컬러를 만들어 줍니다.

4. 식으면서 온도가 떨어지면 시약 스푼이나 헤라를 이용해 몇 번 저어 주며 덩어리를 만듭니다. 너무 저으면 덩어리지지 않고 부스러지니, 서너 번 정도 저어 주면서 일정하지 않은 형태의 덩어리를 만들어 줍니다.

How To Make

슈가 파우더

1 비커에 에코소야 PB 왁스 10g을 계량해 줍니다.

2 핫플레이트에 올려 2~3단으로 왁스를 녹여 줍니다.

3 왁스가 다 녹으면 넓이가 넓은 종이컵에 부어 넓게 퍼트립니다.

4 종이컵에서 탈형합니다.

5 종이컵에 넣고 나무젓가락 또는 헤라로 잘게 부숴 줍니다. 가루 정도의 작은 입자로 만들려면 오랜 시간 동안 부숴야 합니다.

종이컵 또는 비닐에 넣고 망치로 부수면 빠르게 완성할 수 있습니다.

How To Make

크림

1 네이처 왁스 150g을 계량해 줍니다.

2 핫플레이트에 올려 2~3단으로 왁스를 녹이다가 왁스가 ⅓ 정도 남으면 핫플레이트에서 내려 잔열로 모두 녹여 줍니다.

3 프래그런스 오일을 왁스 총량의 3%인 5g을 넣어 줍니다.

4 왁스를 종이컵에 넣고 불투명해질 때까지 기다립니다. 종이컵을 눌렀을 때 왁스의 제형이 슬러시 같고 표면이 살짝 굳어 있어야 합니다.

5 휘핑기를 저속으로 설정하여 전체적으로 섞어 준 후, 뿔의 모양이 유지될 때까지 고속으로 돌려 줍니다. 그 후 히팅건으로 살짝 녹이고 다시 저속으로 돌려 크리미한 크림 제형을 완성해 줍니다.

짜는 크림 - 휘핑기를 사용해서 만드는 방법 41p

6 짤주머니에 별 깍지 192k를 끼고 크림을 넣어 줍니다.

How To Make

산딸기 타르트 캔들

1 비커에 에코소야 PB 왁스 80g을 계량 후, 핫플레이트에 올려 2~3단으로 왁스를 녹여 줍니다.

2 90℃ 정도에 브라운 고체 염료를 소량 깎아 넣어 타르트 컬러를 만들어 줍니다.

3 85℃ 정도에 프래그런스 오일을 왁스 총량의 10%인 8g을 넣어 줍니다.

4 75~80℃가 되면 히팅건으로 몰드를 살짝 데운 후 왁스를 부어 줍니다.

5 겉면이 살짝 굳으면 꼬치를 이용해 심지 구멍을 만들어 줍니다.

6 겉면이 모두 굳고 아직 열감이 살짝 남아 있을 때 천천히 탈형하고 6호 코팅 심지를 꽂아 줍니다.

완전히 굳으면 심지를 꽂을 때 심지 탭에 의해 쪼개질 수 있으니 열감이 남아 있을 때 탈형해야 합니다.

How To Make

7-1 타르트의 테두리를 따라 크림을 짜 줍니다.

7-2 겉에서부터 안쪽까지 심지 주위를 둘러 빈틈없이 모두 채워 줍니다. 산딸기로 장식할 수 있도록 굳지 않게 빠르게 짜는 게 중요합니다.

8 크림이 굳기 전에 산딸기를 바깥쪽부터 안쪽으로 빈틈없이 올려 줍니다.

9-1 아몬드를 뿌려 줍니다. 크림 쪽으로 아몬드가 들어가면 잘 보이지 않기 때문에 산딸기 위에 얹어 줍니다.

뿌린 직후에는 고정이 되지 않아 아몬드가 움직일 수 있지만, 시간이 흐르면 젤 왁스의 점성으로 인해 고정됩니다.

9-2 슈가 파우더를 뿌려 줍니다.

10 꼬치로 심지를 말아 마무리합니다.

초급　중급　고급

까눌레 캔들

겉은 바삭하고 속은 촉촉한 럼의 풍미가 너무나 매력적인 까눌레를 캔들로 만들어 봐요.
까눌레 캔들은 독특한 모양과 크림을 부을 수 있는 홀이 특징입니다.
한 가지 컬러가 아닌 투톤으로 까눌레를 제작하고 크림을 부은 뒤,
그 위에 프리저브드와 드라이 오렌지로 장식해 제작합니다.
사이즈가 큰 케이크 캔들을 제작하기 전에 사이즈가 작은 까눌레 캔들을 제작해 보며
붓는 크림의 제형을 익혀 봅시다.

Ingredient

까눌레
에코소야 PB 왁스 50g, 프래그런스 오일 5g, 고체 염료(오렌지, 브라운),
드라이 오렌지, 프리저브드 티트리, 26호 면 심지

크림
네이처 왁스 20g

Make Tool

핫플레이트, 저울, 온도계, 비커, 시약 스푼 또는 헤라, 히팅건, 가위, 송곳, 까눌레 몰드

How To Make

크림

1 비커에 네이처 왁스 20g을 계량해 줍니다.

2 핫플레이트에 올려 2~3단으로 왁스를 녹이다가 왁스가 ⅓ 정도 남으면 핫플레이트에서 내려 잔열로 모두 녹여 줍니다.

3 붓는 크림의 제형이 완성될 때까지 저어 줍니다. 완성된 크림 제형은 너무 묽지 않고 되직한 단계의 중간 농도입니다.

농도가 유지되는 순간이 매우 짧기 때문에 완성 포인트를 보면서 빨리 작업해 줘야 합니다.

붓는 크림 만드는 방법 48p

How To Make

까눌레 캔들

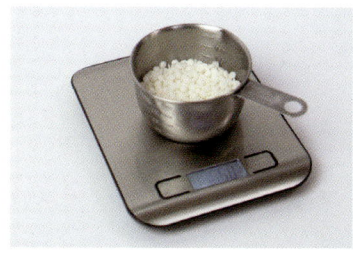

1 비커에 에코소야 PB 왁스 50g을 계량해 줍니다.

프로스팅 현상은 실내 온도가 낮은 겨울과 실리콘 몰드에서 잘 발생합니다. 프로스팅 현상이 생긴다면 필라 왁스와 정제 밀랍을 7:3의 비율로 배합해서 제작해 주세요. 프로스팅 현상이 발생하지 않는다면 필라 왁스로만 제작해도 됩니다.

2 핫플레이트에 올려 2~3단으로 왁스를 녹여 줍니다.

3 90℃ 정도에 오렌지 고체 염료를 깎아 넣어 진한 오렌지 컬러를 만들어 줍니다.

오렌지 고체 염료는 소량 넣으면 왁스 컬러와 섞여 옐로 컬러로 발색이 됩니다. 까눌레는 옐로 컬러보다는 오렌지 컬러로 진하게 조색해야 브라운과 투톤으로 만들었을 때 돋보이니 염료의 양을 많이 넣어 주세요.

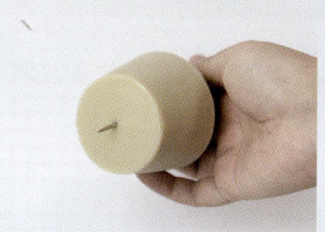
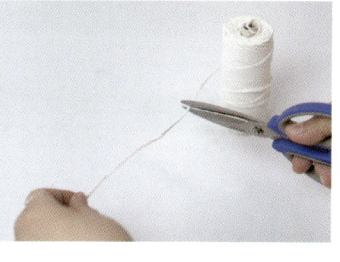

4 85℃ 정도에 프래그런스 오일을 왁스 총량의 10%인 5g을 넣어 줍니다.

5 까눌레 몰드 바닥 중앙에 송곳으로 심지 구멍을 뚫어 줍니다.

실리콘 몰드는 구멍을 뚫어도 소재의 특성으로 인해 왁스가 새어 나오지 않습니다. 걱정하지 말고 심지 구멍을 뚫어 주세요.

6 26호 면 심지를 적당한 길이로 잘라 줍니다.

How To Make

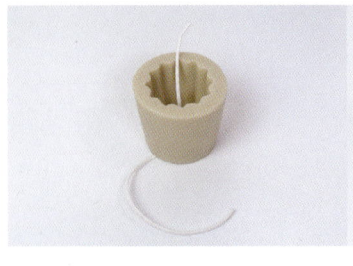  

7 뚫어 놓은 심지 구멍으로 심지를 넣습니다.

심지가 잘 들어가지 않을 때는 꼬치를 심지와 함께 힘을 주어 심지 구멍으로 빼 주면 쉽게 심지를 넣을 수 있습니다.

8 75~80℃가 되면 히팅건으로 몰드를 살짝 데운 후 왁스를 몰드의 ⅔까지 부어 줍니다.

9 나무젓가락 또는 헤라로 심지가 움직이지 않게 가운데에 고정해 준 후 굳힙니다.

10 1차로 부어 놓은 왁스가 굳으면 남은 왁스를 다시 녹여 90℃ 정도에 브라운 고체 염료를 깎아 넣어 브라운 컬러를 만들어 줍니다.

11 왁스를 몰드에 부어 줍니다.

12 열감이 사라지고 완전히 굳으면 탈형 후 가위로 바닥 부분의 심지를 자릅니다.

How To Make

13-1 까눌레의 윗부분이 파여 있기 때문에 크림을 부어 윗부분을 채워 줍니다.

13-2 윗부분에 크림이 볼록하게 올라올 때까지 부어 줍니다.

13-3 심지를 잡고 바닥에 살살 쳐서 크림이 흘러내리게 합니다.

13-4 원하는 크림 모양이 될 때까지 계속 쳐서 흘러내리는 모양을 만들어 줍니다.

14 프리저브드 티트리와 드라이 오렌지를 적당한 크기로 잘라 꽂아 줍니다.

15 심지로 매듭을 묶어 준 후 끝은 가위로 잘라 마무리합니다.

초급 　중급　 고급

체리 머핀 캔들

촉촉하면서도 부드러운 머핀을 캔들로 만들어 봐요.
체리 머핀 캔들은 딥한 톤으로 조색한 체리를 크림 위에 얹어 제작합니다.
책에서는 버건디 액체 염료를 사용해 진한 자주색의 체리를 만들었지만,
레드 액체 염료를 사용하면 통조림 체리 같은 빨간색 체리를 만들 수 있습니다.
머핀 위에 크림이나 과일, 스프링클 등을 얹어 다채롭게 꾸밀 수 있습니다.

Ingredient

체리 머핀
에코소야 PB 왁스 80g, 프래그런스 오일 8g, 고체 염료(브라운), 26호 면 심지

체리
에코소야 PB 왁스 7g, 액체 염료(버건디)

크림
네이처 왁스 20g

Make Tool

핫플레이트, 저울, 온도계, 비커, 시약 스푼 또는 헤라, 히팅건, 가위, 송곳,
몰드(머핀, 체리), 꼬치

How To Make

체리

1 비커에 에코소야 PB 왁스 7g을 계량해 줍니다. 체리 1개 분량입니다.

2 핫플레이트에 올려 2~3단으로 왁스를 녹여 줍니다.

3 90℃ 정도에 버건디 액체 염료를 꼬치를 이용해 소량 넣어 체리 컬러를 만들어 줍니다.

소량이라 향도 첨가하지 않고, 고체 염료가 아니어서 90℃까지 올리지 않아도 됩니다. 80~85℃에 조색하고 바로 몰드에 부어 줘도 됩니다.

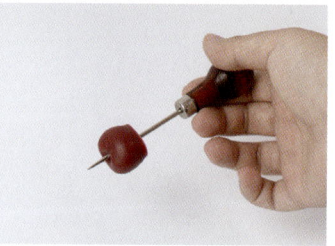

4 75~80℃가 되면 히팅건으로 몰드를 살짝 데운 후 왁스를 부어 줍니다.

5 겉면이 살짝 굳으면 꼬치를 이용해 심지 구멍을 만들어 줍니다. 열감이 사라지고 완전히 굳으면 탈형합니다.

6 체리 몰드의 특성상 바닥이 오목하게 들어가 있어서 꼬치로 심지 구멍을 만들어 주어도 완벽하게 뚫려 있지 않을 수 있습니다. 송곳을 히팅건으로 달궈 심지 구멍을 완벽하게 만들어 줍니다.

How To Make

크림

1 비커에 네이처 왁스 20g을 계량해 줍니다.

2 핫플레이트에 올려 2~3단으로 왁스를 녹이다가 왁스가 ⅓ 정도 남으면 핫플레이트에서 내려 잔열로 모두 녹여 줍니다.

3 붓는 크림의 제형이 완성될 때까지 저어 줍니다. 완성된 크림 제형은 너무 묽지 않고 되직한 단계의 중간 농도입니다.

농도가 유지되는 순간이 매우 짧기 때문에 완성 포인트를 보면서 빨리 작업해줘야 합니다.

붓는 크림 만드는 방법 48p

체리 머핀 캔들

1 비커에 에코소야 PB 왁스 80g을 계량해 줍니다.

프로스팅 현상은 실내 온도가 낮은 겨울과 실리콘 몰드에서 잘 발생합니다. 프로스팅 현상이 생긴다면 필라 왁스와 정제 밀랍을 7:3의 비율로 배합해서 제작해 주세요. 프로스팅 현상이 발생하지 않는다면 필라 왁스로만 제작해도 됩니다.

2 핫플레이트에 올려 2~3단으로 왁스를 녹여 줍니다.

3 90℃ 정도에 브라운 고체 염료를 깎아 넣어 머핀 컬러를 만들어 줍니다.

How To Make

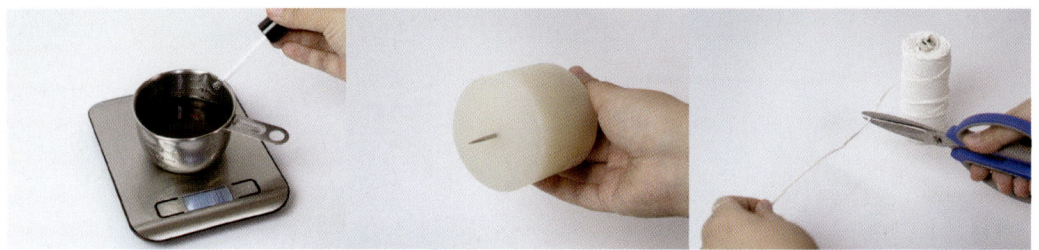

4 85℃ 정도에 프래그런스 오일을 왁스 총량의 10%인 8g을 넣어 줍니다.

5 머핀 몰드 바닥 중앙에 송곳으로 심지 구멍을 뚫어 줍니다.

실리콘 몰드는 구멍을 뚫어도 소재의 특성으로 인해 왁스가 새어 나오지 않습니다. 걱정하지 말고 심지 구멍을 뚫어 주세요.

6 26호 면 심지를 적당한 길이로 잘라 줍니다.

7 뚫어 놓은 심지 구멍으로 심지를 넣습니다.

심지가 잘 들어가지 않을 때는 꼬치를 심지와 함께 힘을 주어 심지 구멍으로 빼 주면 쉽게 심지를 넣을 수 있습니다.

8 75~80℃가 되면 히팅건으로 몰드를 살짝 데운 후 왁스를 부어 줍니다.

9 표면이 살짝 굳기 시작하면 심지를 중앙에 두어 고정시켜 줍니다.

심지를 나무젓가락으로 고정할 때, 왁스를 가득 채우면 나무젓가락에 왁스가 흡수되면서 그 모양대로 굳게 됩니다. 이 경우 탈형 시 캔들의 밑면이 깔끔하지 않아 후작업을 해야 할 수도 있습니다. 중간에 심지를 세워 고정하면 캔들의 밑면을 깔끔하게 굳힐 수 있습니다.

How To Make

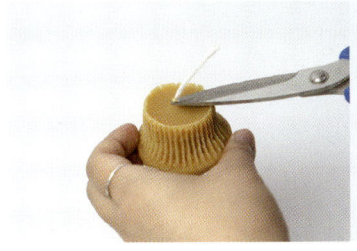

10 열감이 사라지고 완전히 굳으면 탈형 후 가위로 바닥 부분의 심지를 잘라 줍니다.

11 크림을 붓자마자 체리를 얹기 위해 체리는 심지에 미리 넣어 둡니다. 면 심지는 코팅 심지처럼 뻣뻣하지 않아 나중에 넣으려고 하면 잘 들어가지 않을 수 있으므로 미리 준비해 둡니다.

12-1 머핀 위에 크림을 소량 부어 줍니다.

많은 양의 크림을 부으면 머핀 아래로 떨어질 수 있습니다. 꼭 소량만 부어 주세요.

12-2 심지를 돌려 가며 모든 면에 크림이 올라갈 수 있도록 합니다.

12-3 심지를 잡고 바닥에 살살 쳐서 크림이 흘러내리게 합니다.

13 크림이 굳기 전에 체리를 얹어 고정해 줍니다. 심지로 매듭을 묶은 후 끝은 가위로 잘라 마무리합니다.

| 초급 | 중급 | 고급 |

생크림 라떼 캔들

부드러운 라떼와 휘핑크림, 그 위에 시나몬 가루를 솔솔 뿌린 라떼를 캔들로 만들어 봐요.
생크림 라떼 캔들은 투명 유리 커피잔에 라떼 컬러로 조색한 왁스를 붓고,
생크림을 잔뜩 올린 후 시나몬 가루를 솔솔 뿌려 제작합니다.
시나몬 가루는 슈가 파우더와 동일한 방법으로 제작하며,
간단하게 만들어 다양한 디저트 캔들의 마무리 장식으로 사용할 수 있습니다.

Ingredient

생크림 라떼
에코소야 CB-Advanced 왁스 60g, 프래그런스 오일 6g, 고체 염료(브라운), 4호 코팅 심지

시나몬 가루
에코소야 PB 왁스 10g, 고체 염료(브라운)

크림
네이처 왁스 80g, 프래그런스 오일 2g

Make Tool

핫플레이트, 저울, 온도계, 비커, 시약 스푼 또는 헤라, 히팅건, 가위,
유리 커피잔, 꼬치, 종이컵, 나무젓가락, 짤주머니, 별 깍지 192K

How To Make

시나몬 가루

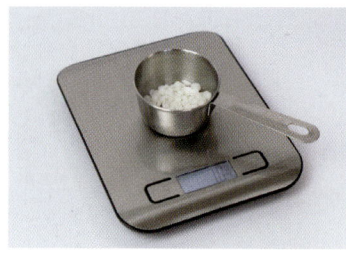  

1 비커에 에코소야 PB 왁스 10g 을 계량해 줍니다.

2 핫플레이트에 올려 2~3단으로 왁스를 녹여 줍니다.

3 90℃ 정도에 브라운 고체 염료 를 깎아 넣어 진한 브라운 컬러 를 만들어 줍니다.

가루 입자로 부수면 컬러가 훨씬 연해 지기 때문에 진하게 조색해 줍니다.

4 넓이가 넓은 종이컵에 부어 넓 게 퍼트립니다.

5 종이컵에서 탈형합니다.

6 종이컵에 넣고 나무젓가락 또 는 헤라로 잘게 부숴 줍니다. 가루 정도의 작은 입자로 만들 려면 오랜 시간 동안 부숴야 합 니다.

종이컵 또는 비닐에 넣고 망치로 부수 면 빠르게 완성할 수 있습니다.

How To Make

크림

1. 비커에 네이처 왁스 80g을 계량해 줍니다.
2. 핫플레이트에 올려 2~3단으로 왁스를 녹이다가 왁스가 ⅓ 정도 남으면 핫플레이트에서 내려 잔열로 모두 녹여 줍니다.
3. 프래그런스 오일을 왁스 총량의 3%인 2g을 넣어 줍니다.

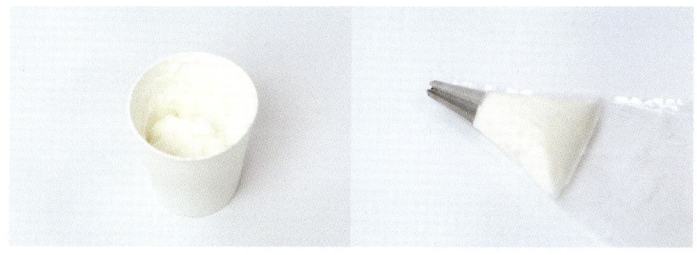

4. 완전한 크림 제형이 될 때까지 중간중간 계속 저어 줍니다. 크림 제형이 되면 꾸덕꾸덕해지는 느낌이 듭니다. 뿔의 모양이 유지될 때까지 저어 크림을 완성합니다.

   짜는 크림 - 휘핑기 없이 만드는 방법 39p

5. 짤주머니에 별 깍지 192k를 끼고 크림을 넣어 준비합니다.

How To Make

생크림 라떼 캔들

1 에코소야 CB-Advanced 왁스 60g을 계량해 줍니다.

2 핫플레이트에 올려 2~3단으로 왁스를 녹여 줍니다.

3 80℃ 정도에 브라운 고체 염료를 깎아 넣어 커피 컬러를 만들어 줍니다.

4 70℃ 정도에 프래그런스 오일을 왁스 총량의 10%인 6g을 넣어 줍니다.

5 60~65℃가 되면 히팅건으로 컵을 살짝 데운 후 왁스를 부어 줍니다.

6 표면이 살짝 굳으면 꼬치를 이용해서 심지 구멍을 뚫어 줍니다. 심지를 꽂기 쉽도록 꼬치를 돌리면서 구멍을 넉넉하게 뚫어 줍니다.

높이가 낮은 크림은 심지가 있어도 짜는 데 큰 불편함이 없지만, 크림을 높게 쌓아 줄 때는 심지가 있으면 예쁘게 짜기 어렵습니다. 크림을 올린 후 구멍에 맞춰 심지를 감으로 넣어야 하므로 심지 구멍이 넉넉한 게 좋습니다.

How To Make

7-1 잔의 테두리를 따라 크림을 짜 줍니다.

7-2 안쪽까지 빈틈없이 한 층을 짜 줍니다.

7-3 첫 번째 짰던 크림보다 살짝 안쪽으로 빈틈없이 한 층을 짜 줍니다.

7-4 두 번째 짰던 크림보다 살짝 안쪽으로 한 번 짜고, 이어서 한 번 더 좁게 짜면서 힘을 빼고 위로 빠르게 올려 크림의 끝을 날렵하게 빼 줍니다.

8 심지의 심지 탭 부분을 자르고, 위에서부터 중앙에 맞춰 4호 코팅 심지를 꽂아 줍니다.

9 꼬치로 심지를 말아 준 후 크림이 굳기 전에 시나몬 가루를 뿌려 마무리합니다.

초급　중급　고급

와플 캔들

벌집 모양의 와플 위에 아이스크림 한 스쿱,
초코크림과 알록달록 후르츠 링으로 장식한 캔들을 만들어 봐요.
와플 캔들의 붓는 크림은 초코 컬러로 조색해야 해서 크림 제형을 맞추기가 쉽지 않습니다.
충분한 연습을 통해 제형을 체크해 주세요.
후르츠 링 이외에도 스프링클, 과일 등을 올려 다채롭게 제작할 수 있습니다.

Follow

Ingredient

와플
에코소야 PB 왁스 60g, 프래그런스 오일 6g, 고체 염료(브라운), 6호 코팅 심지

아이스크림
에코소야 CB-Advanced 왁스 30g, 에코소야 PB 왁스 30g,
프래그런스 오일 6g, 액체 염료(오렌지)

후르츠 링
에코소야 PB 왁스 6g, 고체 염료(레드, 바이올렛, 터콰이츠)

슈가 파우더
에코소야 PB 왁스 10g

초코 크림
네이처 왁스 20g, 액체 염료(브라운, 블랙)

Make Tool

핫플레이트, 저울, 온도계, 비커, 시약 스푼 또는 헤라, 히팅건, 가위, 스쿱(5cm),
몰드(와플, 후르츠 링), 꼬치, 종이컵, 나무젓가락

How To Make

아이스크림

1 에코소야 CB-Advanced 왁스 30g, 에코소야 PB 왁스 30g 총 60g을 계량해 줍니다.

PB 왁스만 단독으로 사용하면 너무 빨리 굳어서 아이스크림의 결을 만들기가 어렵습니다. CB-Advanced 왁스와 섞어 경도를 낮추면 작업하기에 용이합니다.

2 핫플레이트에 올려 2~3단으로 왁스를 녹인 후, 90℃ 정도에 오렌지 액체 염료 세 방울을 넣어 줍니다.

3 85℃ 정도에 프래그런스 오일을 왁스 총량의 10%인 6g을 넣어 줍니다.

4 왁스를 식히면서 시약 스푼 또는 헤라로 저어 줍니다. 어느 정도 굳으면 몽글몽글하게 왁스가 뭉쳐집니다.

5 스쿱으로 왁스를 퍼 준 후 바닥에 눌러 프릴이 나오게 만들어 줍니다. 스쿱 손잡이를 눌러 아이스크림 캔들을 뺍니다.

손으로 만졌을 때 묻어나지 않고 온기가 있을 때 퍼야 아이스크림의 결이 잘 나옵니다.

6 사용할 심지(6호)가 두껍기 때문에, 꼬치를 돌려 심지 구멍을 넉넉하게 뚫어 줍니다.

스쿱에서 빼자마자 작업해야 합니다. 캔들이 식으면 꼬치로 꽂을 시 쪼개질 수 있습니다.

How To Make

후르츠 링

1 총 3가지 컬러의 후르츠 링을 2개씩 만들기 위해 에코소야 PB 왁스를 2g씩 3개의 비커에 계량해 줍니다.

2 핫플레이트에 올려 2~3단으로 왁스를 녹여 줍니다.

3 90℃ 정도에 각 비커에 레드 고체 염료, 바이올렛 고체 염료, 터콰이즈 고체 염료를 소량 깎아 넣어 알록달록한 후르츠 링 컬러를 만들어 줍니다.

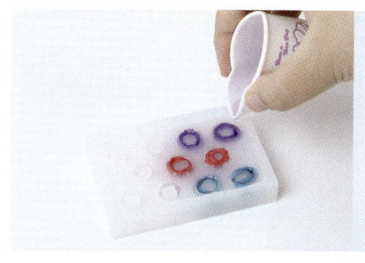 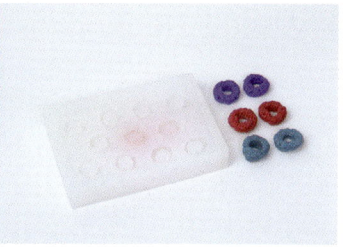

4 75~80℃가 되면 히팅건으로 몰드를 살짝 데운 후 왁스를 부어 줍니다.

소량이어서 붓는 과정에도 굳기 시작하니 빠르게 부어 줍니다.

5 열감이 사라지고 완전히 굳으면 천천히 탈형해 후르츠 링을 준비합니다.

How To Make

슈가 파우더

1 비커에 에코소야 PB 왁스 10g을 계량해 줍니다.

2 핫플레이트에 올려 2~3단으로 왁스를 녹여 줍니다.

3 왁스가 다 녹으면 넓이가 넓은 종이컵에 부어 넓게 퍼트립니다.

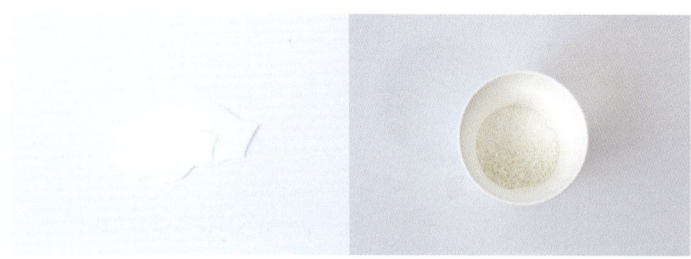

4 종이컵에서 탈형합니다.

5 종이컵에 넣고 나무젓가락 또는 헤라로 잘게 부숴 줍니다. 가루 정도의 작은 입자로 만들려면 오랜 시간 동안 부숴야 합니다.

종이컵 또는 비닐에 넣고 망치로 부수면 빠르게 완성할 수 있습니다.

How To Make

초코 크림

1 비커에 네이처 왁스 20g을 계량해 줍니다.

2 핫플레이트에 올려 2~3단으로 왁스를 녹이다가 왁스가 ⅓ 정도 남으면 핫플레이트에서 내려 잔열로 모두 녹여 줍니다.

3 브라운 액체 염료와 블랙 액체 염료를 소량 넣어 초콜릿 컬러를 만들어 줍니다.

액체 염료는 크림 상태에서도 잘 섞이기 때문에 온도에 상관없이 넣어서 컬러를 만들어 줍니다.

4 붓는 크림의 제형이 완성될 때까지 저어 줍니다. 완성된 크림 제형은 비커에 담긴 왁스를 좌우로 흔들었을 때 찰랑거리지 않고 천천히 따라와야 하며, 왁스를 떠서 떨어트렸을 때 아래에 약간 쌓이는 느낌이 들어야 합니다.

농도가 유지되는 순간이 매우 짧기 때문에 완성 포인트를 보면서 빨리 작업해 줘야 합니다.

붓는 크림 만드는 방법 48p

How To Make

와플 캔들

1 비커에 에코소야 PB 왁스 60g을 계량해 줍니다.

프로스팅 현상은 실내 온도가 낮은 겨울과 실리콘 몰드에서 잘 발생합니다. 프로스팅 현상이 생긴다면 필라 왁스와 정제 밀랍을 7:3의 비율로 배합해서 제작해 주세요. 프로스팅 현상이 발생하지 않는다면 필라 왁스로만 제작해도 됩니다.

2 핫플레이트에 올려 2~3단으로 왁스를 녹여 줍니다.

3 90℃ 정도에 브라운 고체 염료를 깎아 넣어 와플 컬러를 만들어 줍니다.

4 85℃ 정도에 프래그런스 오일을 왁스 총량의 10%인 6g을 넣어 줍니다.

5 75~80℃가 되면 히팅건으로 몰드를 살짝 데운 후 왁스를 부어 줍니다.

6 겉면이 살짝 굳으면 꼬치로 심지 구멍을 만들어 줍니다.

How To Make

7 겉면이 모두 굳고 아직 열감이 살짝 남아 있을 때 천천히 탈형 후 6호 심지를 꽂아 줍니다.

완전히 굳으면 심지를 꽂을 때 심지 탭에 의해 쪼개질 수 있으니 열감이 남아 있을 때 탈형합니다.

8 아이스크림을 꽂아 줍니다.

9-1 아이스크림 위에 크림을 소량 부어 줍니다. 심지를 돌려가며 모든 면에 크림이 올라갈 수 있도록 합니다.

많은 양의 크림을 부으면 아이스크림 아래로 크림이 떨어질 수 있습니다. 꼭 소량만 부어 주세요.

9-2 심지를 잡고 바닥에 살살 쳐서 크림이 흘러내리게 합니다.

제작한 후르츠 링을 모두 부착할 수 있을 정도의 양은 부어 줘야 합니다.

10 크림이 굳기 전에 후르츠 링을 올려 고정해 줍니다.

11 꼬치로 심지를 말고 슈가 파우더를 뿌려 마무리합니다.

초급　중급　고급

민트 카페모카 캔들

알싸한 민트와 진한 초코가 만들어내는 환상의 하모니, 민트 카페모카를 캔들로 만들어 봐요.
1층의 민트 시럽, 2층의 민트 우유, 3층의 초코 그리고 지붕의 민트 컬러 생크림까지
보는 것만으로도 민트향이 가득한 캔들입니다.
음료 캔들은 장식으로 짜는 크림을 많이 사용합니다.
다른 음료 캔들에도 크림 컬러를 바꿔 다채롭게 제작할 수 있습니다.

Follow

Ingredient

민트 카페모카
- 민트 소스 : MP 젤 왁스 50g, 프래그런스 오일 2g, 액체 염료(헌터그린), 5호 코팅 심지
- 민트 음료 : 에코소야 CB-Advanced 왁스 200g, 프래그런스 오일 20g, 액체 염료(헌터그린)
- 초코 음료 : 에코소야 CB-Advanced 왁스 80g, 프래그런스 오일 8g, 액체 염료(브라운, 블랙)

크럼블
에코소야 PB 왁스 10g, 고체 염료(레드)

크림
네이처 왁스 150g, 프래그런스 오일 5g, 액체 염료(헌터그린)

Make Tool

핫플레이트, 저울, 온도계, 비커, 시약 스푼 또는 헤라, 히팅건, 가위,
유리컵, 꼬치, 짤주머니, 별 깍지 192K

How To Make

크럼블

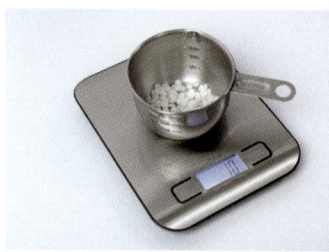  

1 비커에 에코소야 PB 왁스 10g을 계량해 줍니다.

2 핫플레이트에 올려 2~3단으로 왁스를 녹여 줍니다.

3 90℃ 정도에 레드 고체 염료를 소량 깎아 넣어 진분홍 컬러를 만들어 줍니다.

가루 정도의 입자로 부수고 나면 컬러가 훨씬 연해지기 때문에 진하게 조색해 줍니다.

4 식으면서 온도가 떨어지면 시약 스푼이나 헤라를 이용해 몇 번 저어 주며 덩어리를 만들어 줍니다. 너무 저어 주면 덩어리지지 않고 부스러지니 서너 번 정도 저어 주면서 일정하지 않은 형태의 덩어리를 만듭니다.

How To Make

크림

1 네이처 왁스 150g을 계량해 줍니다.

2 핫플레이트에 올려 2~3단으로 왁스를 녹이다가 왁스가 ⅓ 정도 남으면 핫플레이트에서 내려 잔열로 모두 녹여 줍니다.

3 프래그런스 오일을 왁스 총량의 3%인 5g을 넣어 줍니다.

4 휘핑기 없이 저어서 만드는 방법은 크림이 완성된 후에 조색을 하면 꾸덕꾸덕해져 손으로 젓기 힘듭니다. 묽은 상태일 때 헌터그린 액체 염료를 소량 넣어서 민트 컬러를 만들어 줍니다.

5 완전한 크림 제형이 될 때까지 중간중간 계속 저어 줍니다. 크림 제형이 완성되면 꾸덕꾸덕해지는 느낌이 듭니다. 뿔의 모양이 유지될 때까지 저어 크림을 완성해 줍니다.

짜는 크림 - 휘핑기 없이 만드는 방법 39p

6 짤주머니에 별 깍지 192K를 끼고 크림을 넣어 준비합니다.

How To Make

민트 카페모카 캔들

1 민트 소스를 만들기 위해 비커에 MP 젤 왁스 50g을 계량해 줍니다.

2 핫플레이트에 올려 3~4단으로 왁스를 녹여 줍니다.

3 105℃ 정도에 헌터그린 액체 염료를 한 방울 넣어 민트 소스 컬러를 만들어 줍니다.

4 100℃ 정도에 프래그런스 오일을 왁스 총량의 3%인 2g을 넣어 줍니다.

5 95~100℃가 되면 히팅건으로 컵을 살짝 데운 후 왁스를 붓고 굳혀 줍니다.

6 다음으로 민트 음료를 만들기 위해 에코소야 CB-Advanced 왁스 200g을 계량해 줍니다.

How To Make

7 핫플레이트에 올려 2~3단으로 왁스를 녹여 줍니다.

8 80℃ 정도에 헌터그린 액체 염료를 세 방울 넣어 민트 컬러를 만들어 줍니다.

헌터그린 염료를 너무 많이 넣으면 민트 컬러가 아닌 그린 컬러로 넘어가게 되니 컬러를 확인해 가면서 조색해 주세요.

9 70℃ 정도에 프래그런스 오일을 왁스 총량의 10%인 20g을 넣어 줍니다.

10 60~65℃가 되면 히팅건으로 컵을 살짝 데운 후 왁스를 붓고 굳혀 줍니다.

11 마지막으로 초코 음료를 만들기 위해 에코소야 CB-Advanced 왁스 80g을 계량해 줍니다.

12 핫플레이트에 올려 2~3단으로 왁스를 녹여 줍니다.

How To Make

13 80℃ 정도에 브라운 액체 염료와 블랙 액체 염료를 한 방울씩 넣어 초콜릿 컬러를 만들어 줍니다.

14 70℃ 정도에 프래그런스 오일을 왁스 총량의 10%인 8g을 넣어 줍니다.

15 60~65℃가 되면 히팅건으로 컵을 살짝 데운 후 왁스를 붓고 굳혀 줍니다.

16 표면이 살짝 굳으면 꼬치를 이용해서 심지 구멍을 뚫어 줍니다. 크림을 짠 후 심지를 위에서부터 꽂아야 하므로 꼬치를 돌리면서 구멍을 넉넉하게 뚫어 줍니다.

높이가 낮은 크림은 심지가 있어도 짜는 데 큰 불편함이 없지만, 크림을 높게 쌓아 줄 때는 심지가 있으면 예쁘게 짜기 어렵습니다. 크림을 올린 후 구멍에 맞춰 심지를 겉으로 넣어야 하므로 심지 구멍이 넉넉한 게 좋습니다.

17-1 잔의 테두리를 따라 크림을 짜 줍니다.

17-2 안쪽까지 빈틈없이 한 층을 짜 줍니다.

How To Make

17-3 동일한 방법으로 점점 좁혀 가면서 세 층을 쌓아 줍니다.

17-4 마지막은 이전에 짰던 크림보다 살짝 좁게 짜면서 힘을 빼고 위로 빠르게 올려 크림의 끝을 날렵하게 빼 줍니다.

18 5호 코팅 심지의 탭 부분을 자르고 위에서부터 중앙에 맞춰 심지를 꽂아 줍니다.

민트 카페모카는 높이가 높아 심지를 꽂을 때 심지 구멍 찾기가 어려울 수 있으니, 심지 구멍을 넉넉하게 뚫어 둡니다.

19 크림이 굳기 전에 크럼블을 얹어 고정해 마무리합니다.

복숭아 에이드 캔들

은은한 복숭아향과 톡 쏘는 탄산이 너무나 잘 어울리는 복숭아 에이드를 캔들로 만들어 봐요.
사선으로 층층이 쌓은 소이 왁스에 하트 모양 얼음을 넣고 귤로 장식해 만듭니다.
하트 얼음을 최대한 이염 없이 제작하기 위해서는
경도가 가장 높고 폴리머 함량이 많은 SHP 젤 왁스를 사용합니다.
음료와 얼음을 동일한 젤 왁스를 사용해 만들면
온도에 의해 형태가 유지되지 못하고 이염도 빠르게 진행됩니다.

Follow

Ingredient

복숭아 에이드
에코소야 CB-Advanced 왁스 180g, MP 젤 왁스 70g, 프래그런스 오일 20g,
액체 염료(피치블라썸), 4호 코팅 심지

하트 & 귤
SHP 젤 왁스 40g, 프래그런스 오일 1g, 액체 염료(피치블라썸)

Make Tool

핫플레이트, 저울, 온도계, 비커, 시약 스푼 또는 헤라, 히팅건, 가위,
심지 스티커, 유리컵, 몰드(귤, 하트), 꼬치, 나무젓가락

How To Make

하트 & 귤

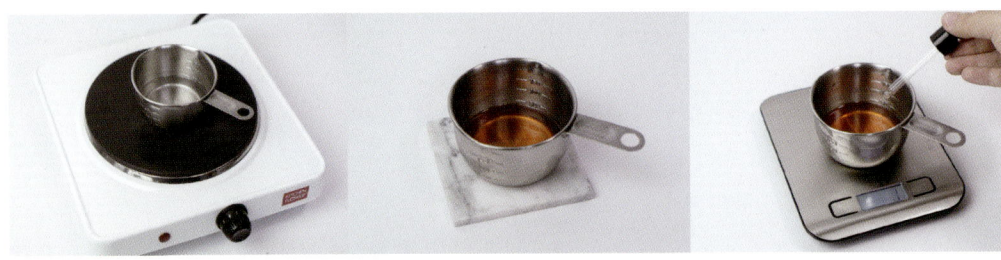

1. 비커에 SHP 젤 왁스 40g을 계량 후 핫플레이트에 올려 3~4단으로 왁스를 녹여 줍니다. 총 귤 2개와 하트 20개 분량입니다.

2. 110℃ 정도에 피치블라썸 액체 염료를 넣어 원하는 컬러를 만들어 줍니다.

3. 105℃ 정도에 프래그런스 오일을 왁스 총량의 3%인 1g을 넣어 줍니다.

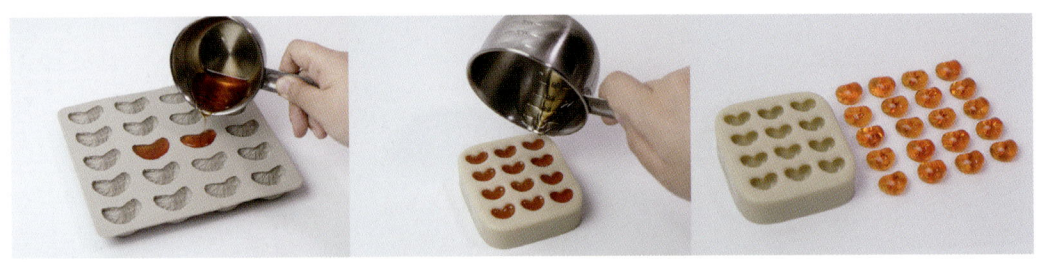

4. 100℃가 되면 히팅건으로 귤 몰드를 살짝 데운 후 왁스를 부어 귤 2개를 만듭니다. 열감이 사라지고 완전히 굳으면 천천히 탈형합니다.

5. 남은 왁스를 다시 녹여 100℃가 되면 히팅건으로 하트 몰드를 살짝 데운 후 왁스를 부어 줍니다.

6. 열감이 사라지고 완전히 굳으면 천천히 탈형합니다. 총 20개의 하트 얼음을 만듭니다.

How To Make

복숭아 에이드 캔들

1 복숭아 에이드는 총 세 층으로 쌓아 줍니다. 먼저 첫 번째 층을 만들기 위해 비커에 에코소야 CB-Advanced 왁스 50g을 계량해 줍니다.

2 핫플레이트에 올려 2~3단으로 왁스를 녹인 후, 80℃ 정도에 피치블라썸 액체 염료를 반 방울 넣어 연한 피치 컬러를 만들어 줍니다.

3 70℃ 정도에 프래그런스 오일을 왁스 총량의 10%인 5g을 넣어 줍니다.

4 4호 코팅 심지의 심지 탭에 심지 스티커를 붙여 줍니다.

5 심지를 컵 가운데에 붙인 후 나무젓가락으로 고정합니다. 사선으로 붓기 위해 양쪽에 책 또는 박스를 쌓고 그 사이에 컵을 비스듬하게 놓습니다. 왁스 온도가 60~65℃가 되면 히팅건으로 컵을 살짝 데운 후 왁스를 부어 줍니다.

6 첫 번째 층의 열감이 사라지고 다 굳으면 두 번째 층을 만들기 위해 에코소야 CB-Advanced 왁스 100g을 계량해 줍니다.

How To Make

7 핫플레이트에 올려 2~3단으로 왁스를 녹인 후, 80℃ 정도에 피치블라썸 액체 염료를 두 방울 넣어 진한 피치 컬러를 만들어 줍니다.

8 70℃ 정도에 프래그런스 오일을 왁스 총량의 10%인 10g을 넣어 줍니다.

9 컵을 반대로 돌려 고정시켜 줍니다. 60~65℃가 되면 히팅건으로 컵을 살짝 데운 후 왁스를 부어 줍니다.

10 두 번째 층의 열감이 사라지고 다 굳으면 세 번째 층이 될 에코소야 CB-Advanced 왁스 30g을 계량해 줍니다.

11 핫플레이트에 올려 2~3단으로 왁스를 녹인 후, 70℃ 정도에 프래그런스 오일을 왁스 총량의 10%인 3g을 넣어 줍니다.

12 60℃가 되면 컵을 반대로 돌린 후 왁스를 부어 줍니다. 염료가 섞이지 않은 왁스를 히팅건으로 데운 컵에 부으면 아래의 왁스 컬러가 올라와 섞일 수 있으니 컵을 데우지 않고 그냥 부어 줍니다.

How To Make

13 세 번째 층의 열감이 사라지고 다 굳으면 복숭아청 부분을 만들기 위해 MP 젤 왁스 70g을 계량해 줍니다.

14 그중 얼음이 될 20g을 제외하고 50g만 핫플레이트에 올려 3~4단으로 녹여 줍니다. 100℃ 정도에 프래그런스 오일을 왁스 총량의 3%인 2g을 넣어 줍니다.

15 남은 20g은 가위로 작게 잘라 줍니다.

16 하트 얼음과 잘라 놓은 MP 젤 왁스를 층층이 쌓아 줍니다. 하트끼리 너무 가깝게 붙어 있으면 답답해 보이기 때문에 약간의 간격을 주면서 채웁니다.

17 녹여 놓은 MP 젤 왁스가 90℃가 되면 부어 줍니다.

아래쪽에 있는 왁스는 컨테이너용 왁스로 융점이 낮기 때문에 너무 높은 온도로 부으면 아래의 왁스가 녹을 수 있으므로, 90℃ 정도로 낮춰서 붓도록 합니다. 중간에 하트와 잘라 놓은 MP 젤 왁스를 채웠기 때문에 그 사이로 내려가면서 온도가 낮아집니다.

18 귤의 가운데를 사선으로 잘라 컵에 꽂아 줍니다. 꼬치를 이용해 심지를 말아 마무리합니다.

초급　중급　고급

망고 빙수 캔들

망고색 눈꽃 빙수 위에 달달한 망고를 가득 올린 망고 빙수를 캔들로 만들어 봐요.
망고 빙수 캔들은 왁스를 깎아 눈꽃 빙수의 결정을 만들고,
젤 왁스로 탱탱한 질감이 살아 있는 망고와 달콤한 연유를 제작합니다.
짜 놓은 왁스 위에 눈꽃 빙수를 뿌려 고정하기 위해서는
뿔이 유지되는 100%의 크림 제형보다는 묽은 게 좋습니다.

Follow

Ingredient

망고 빙수
네이처 왁스 100g, 프래그런스 오일 3g, 액체 염료(오렌지), 6호 코팅 심지

눈꽃 빙수
에코소야 PB 왁스 50g, 프래그런스 오일 5g, 고체 염료(오렌지)

망고
HP 젤 왁스 50g, 프래그런스 오일 2g, 고체 염료(오렌지, 화이트)

연유
MP 젤 왁스 10g, 고체 염료(화이트)

Make Tool

핫플레이트, 저울, 온도계, 비커, 시약 스푼 또는 헤라, 히팅건, 가위, 칼, 과도,
심지 스티커, 오목한 그릇, 짤주머니, 종이컵, OHP 필름지, 사각 얼음 틀, 꼬치

How To Make

눈꽃 빙수

1 비커에 에코소야 PB 왁스 50g을 계량 후 핫플레이트에 올려 2~3단으로 왁스를 녹여 줍니다.

2 90℃ 정도에 오렌지 고체 염료를 깎아 넣어 망고 컬러를 만들어 줍니다.

3 85℃ 정도에 프래그런스 오일을 왁스 총량의 10%인 5g을 넣어 줍니다.

4 75~80℃가 되면 종이컵에 왁스를 부어 줍니다.

5 열감이 사라지고 완전히 굳으면 종이컵에서 탈형합니다.

6 필름지에 놓고 칼을 이용해 얇게 떠 준다는 느낌으로 잘라 빙수 위에 뿌릴 눈꽃 빙수를 준비합니다.

경도가 높은 필라 왁스에 칼날이 얇은 일반 커터칼을 사용하면 위험하니, 과도를 사용해 잘라 주세요.

How To Make

망고

1 비커에 HP 젤 왁스 50g을 계량 후 핫플레이트에 올려 3~4단으로 왁스를 녹여 줍니다.

2 110℃ 정도에 오렌지 고체 염료와 화이트 고체 염료를 깎아 넣어 망고 컬러를 만들어 줍니다.

오렌지 고체 염료만 넣으면 투명한 오렌지 컬러가 됩니다. 불투명한 망고 컬러를 만들기 위해서는 화이트 고체 염료를 넣어 젤 왁스 특유의 투명힘을 없애 줘야 합니다.

3 105℃ 정도에 프래그런스 오일을 왁스 총량의 3%인 2g을 넣어 줍니다.

4 100℃가 되면 히팅건으로 사각 얼음 틀을 살짝 데운 후 왁스를 부어 줍니다.

5 열감이 사라지면 얼음 틀 끝부분에 꼬치를 넣어 왁스를 천천히 탈형합니다.

6 필름지 위에 놓고 히팅건으로 살짝 달군 커터칼을 이용해 적당한 크기로 잘라 망고를 준비합니다.

히팅건으로 너무 오래 달구면 젤이 녹을 수 있으니 따뜻할 정도로만 달궈 줍니다. 젤 특성상 자르자마자 떼지 않으면 다시 붙을 수 있으니 자르자마자 떼어 줍니다.

How To Make

연유

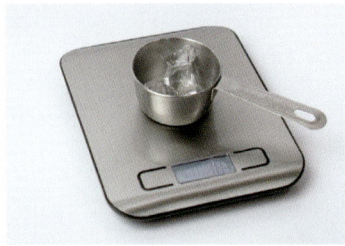  

1 비커에 MP 젤 왁스 10g을 계량해 줍니다.
2 핫플레이트에 올려 3~4단으로 왁스를 녹여 줍니다.
3 100℃ 정도에 화이트 고체 염료를 소량 깎아 넣어 연유 컬러를 만들어 줍니다.
불투명해야 연유 느낌이 납니다.

망고 빙수 캔들

1 비커에 네이처 왁스 100g을 계량해 줍니다.
2 핫플레이트에 올려 2~3단으로 왁스를 녹이다가 왁스가 ⅓ 정도 남으면 핫플레이트에서 내려 잔열로 모두 녹여 줍니다.
3 오렌지 액체 염료를 넣어 망고 컬러를 만들어 줍니다.
눈꽃 빙수로 위를 덮어 줄 것이기 때문에 눈꽃 빙수 컬러와 비슷하게만 맞춥니다.

How To Make

4 프래그런스 오일을 왁스 총량의 3%인 3g을 넣어 줍니다.

5 크림 제형이 될 때까지 중간중간 계속 저어 줍니다. 깍지로 모양을 짜는 것이 아니기 때문에 뿔이 서는 크림 제형까지 만들어 줄 필요는 없습니다. 액체처럼 흐르지 않는 농도로 만들어 줍니다.

6 짤주머니 앞을 자른 후 크림을 넣어 준비합니다.

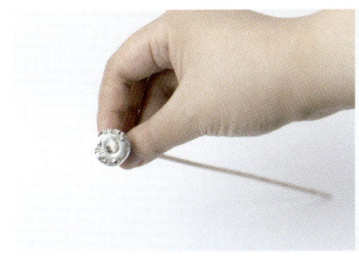

7 6호 코팅 심지의 심지 탭에 심지 스티커를 붙여 줍니다.

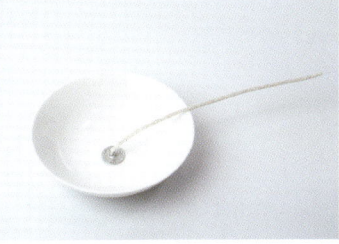

8 심지를 그릇 중앙에 붙입니다.

9-1 크림을 낮은 원뿔 형태로 만들기 위해 아래에 전체적으로 넓게 짜 줍니다.

How To Make

 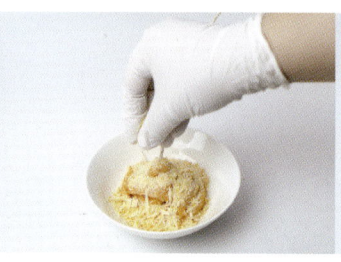 

9-2 원뿔 모양이 되도록 위로 갈수록 좁아지게 짜 줍니다.

10 크림이 굳기 전에 눈꽃 빙수를 소복이 뿌려 줍니다.

11 손으로 만져 주면서 모양을 잡고, 눈꽃 빙수가 왁스에 잘 붙을 수 있도록 살포시 눌러 줍니다.

12 망고를 한쪽에 올려 줍니다.

13 가위로 심지를 잘라 줍니다.

14 95℃ 정도의 주르륵 흐르는 연유를 시약 스푼으로 떠서 지그재그로 뿌려 마무리합니다.

Try Again

초코 빙수 캔들

빙수에 많이 사용되는 초콜릿을 이용해서 초코 빙수를 제작할 수 있습니다. 두 가지 왁스를 배합해 왁스 표면의 질감을 이용한 초코 큐브와 초코 소스를 뿌려 진하고 달콤한 초코 빙수를 만들어 봅니다.

초코 큐브

1 초코 큐브를 만들기 위해 비커에 에코소야 CB-Advanced 왁스 25g, 에코소야 PB 왁스 25g 총 50g을 계량해 줍니다.

2 핫플레이트에 올려 2~3단으로 왁스를 녹여 줍니다.

3 80℃ 정도에 브라운 액체 염료와 블랙 액체 염료를 한 방울씩 넣어 진한 초콜릿 컬러를 만들어 줍니다.

초코 큐브는 초코 빙수와 컬러가 비슷하면 묻혀서 잘 보이지 않기 때문에, 진하게 조색해 줍니다.

Try Again

4 70℃ 정도에 프래그런스 오일을 왁스 총량의 10%인 5g을 넣어 줍니다.

5 40℃가 될 때까지 저어 주르륵 흐르는 정도의 농도를 만들어 줍니다.

6 사각 얼음 틀에 맞춰 종이를 잘라 접어 넣습니다.

7 왁스를 부어 줍니다.

8 열감은 살짝 남아 있지만 겉 부분이 모두 굳었다면 조심스럽게 탈형합니다.

완전히 굳으면 잘랐을 때 초코 큐브의 질감이 잘 살지 않을 수 있습니다. 따뜻할 때 탈형해 주세요.

9 필름지에 놓고 적당한 크기로 잘라 초코 큐브를 준비합니다. 칼로 초코 큐브의 네 면을 얇게 한 겹 벗겨내면 왁스 사이에 기공들이 있어 리얼한 초콜릿 질감을 살릴 수 있습니다.

Try Again

초코 빙수 캔들

1 망고 빙수와 동일하게 크림을 만든 후 낮은 원뿔 형태로 짜 줍니다.

2 크림이 굳기 전에 눈꽃 빙수를 소복이 뿌리고 손으로 만져 모양을 잡아 줍니다.

3 초코 큐브를 한쪽에 올립니다.

4 가위로 심지를 잘라 줍니다.

5 95℃ 정도의 주르륵 흐르는 초코 소스를 시약 스푼으로 떠서 지그재그로 뿌려 마무리합니다.

초코 소스도 초코 큐브와 동일하게 눈꽃 빙수보다는 진하게 조색해 줘야 합니다.

초급　중급　**고급**

딸기 초코 조각 케이크 캔들

촉촉한 초코 시트 사이사이에 생크림을 쌓고 새콤한 딸기를 올린
딸기 초코 조각 케이크를 캔들로 만들어 봐요.
낮은 온도의 왁스를 층층이 쌓아 초코 시트와 크림을 연출합니다.
케이크에는 딸기 이외에도 체리, 베리를 올려 장식할 수 있습니다.
왁스가 굳기 전에 나무 스틱으로 두드려 주면 빵 질감을 표현할 수 있습니다.

Ingredient

딸기 초코 조각 케이크
에코소야 CB-Advanced 왁스 105g, 에코소야 PB 왁스 185g,
프래그런스 오일 29g, 액체 염료(브라운, 블랙), 5호 코팅 심지

딸기
에코소야 PB 왁스 30g, 프래그런스 오일 3g, 액체 염료(토마토레드)

크림
네이처 왁스 50g, 프래그런스 오일 2g

Make Tool

핫플레이트, 저울, 온도계, 비커, 시약 스푼 또는 헤라, 히팅건, 가위, 자,
조각 케이크 삼각 무스링, OHP 필름지, 네임펜,
테이프, 나무젓가락, 딸기 몰드, 짤주머니, 별 깍지 192K, 꼬치

How To Make

딸기

1. 비커에 에코소야 PB 왁스 30g을 계량해 줍니다. 딸기 4개 분량입니다.

   과일 몰드는 각각 들어가는 왁스의 양이 6~9g으로 약간씩 다르기 때문에, 넉넉하게 계량합니다.

2. 핫플레이트에 올려 2~3단으로 왁스를 녹여 줍니다.

3. 90℃ 정도에 토마토레드 액체 염료를 넣어 딸기 컬러를 만들어 줍니다.

  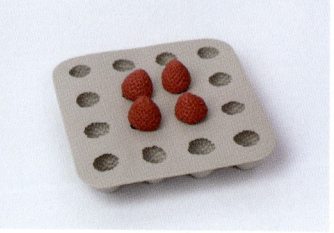

4. 85℃ 정도에 프래그런스 오일을 왁스 총량의 10%인 3g을 넣어 줍니다.

5. 75~80℃가 되면 히팅건으로 몰드를 살짝 데운 후 왁스를 부어 줍니다.

6. 열감이 사라지고 완전히 굳으면 천천히 탈형해 딸기를 준비합니다.

How To Make

크림

1 비커에 네이처 왁스 50g을 계량해 줍니다.

2 핫플레이트에 올려 2~3단으로 왁스를 녹이다가 왁스가 ⅓ 정도 남으면 핫플레이트에서 내려 잔열로 모두 녹여 줍니다.

3 프래그런스 오일을 왁스 총량의 3%인 2g을 넣어 줍니다.

4 완전히 크림 제형이 될 때까지 중간중간 계속 저어 줍니다. 크림 제형이 완성되면 꾸덕꾸덕해지는 느낌이 듭니다. 뿔의 모양이 유지될 때까지 저어 크림을 완성해 줍니다.

짜는 크림 – 휘핑기 없이 만드는 방법 39p

5 짤주머니에 별 깍지 192k를 끼고 크림을 넣어 준비합니다.

How To Make

딸기 초코 조각 케이크 캔들

1 무스 틀에 맞춰 OHP 필름지에 선을 그어 재단해 줍니다.

OHP 필름지를 사용하지 않고 바로 무스 틀에 부으면 열감이 사라지고 완전히 굳을 때까지는 탈형이 불가능합니다. 빵 질감을 표현하기 위해서는 열감이 있을 때 무스 틀을 제거해야 하므로, 그 사이에 탈형할 수 있도록 OHP 필름지를 넣어 제작합니다.

2 초코 시트 사이에 크림을 넣기 위해 필름지에 초코와 샌드 크림을 1.3cm-0.5cm-1.3cm-0.5cm-1.3cm 순서로 표시합니다. 무스 틀에 맞춰 필름지를 테이프로 고정하고, 바닥에도 필름지를 무스 틀보다 넉넉하게 잘라 놓습니다.

3 필름지를 무스 틀 안에 넣고 5호 코팅 심지를 무스 틀 높이에 맞춰 나무젓가락으로 고정한 후 케이크의 중앙에 둡니다.

왁스를 부으면 왁스가 굳으면서 심지가 고정되기 때문에 따로 고정할 필요는 없습니다.

  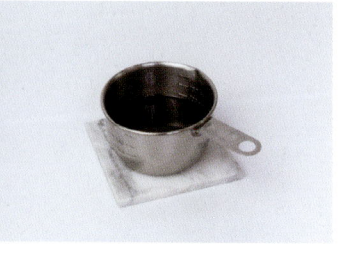

4 첫 번째 초코층을 만들기 위해 에코소야 CB-Advanced 왁스 35g, 에코소야 PB 왁스 35g 총 70g을 계량해 줍니다.

에코소야 PB 왁스만 사용하여 제작할 수도 있지만, 빵 질감을 내기 위한 후작업을 할 때 경도가 높으면 질감을 살리기 어렵기 때문에 두 가지 왁스를 배합해 사용합니다.

5 핫플레이트에 올려 2~3단으로 왁스를 녹여 줍니다.

6 80℃ 정도에 브라운 액체 염료와 블랙 액체 염료를 넣어 초콜릿 컬러를 만들어 줍니다.

붓는 온도가 40℃ 정도로 낮고 온도를 올려서 사용해야 하는 고체 염료가 아니기 때문에 붓는 온도에 맞춰 조색 온도도 낮춰서 작업합니다.

How To Make

7 70℃ 정도에 프래그런스 오일을 왁스 총량의 10%인 7g을 넣어 줍니다.

8 40℃가 될 때까지 계속 저어 주르륵 흐르는 정도의 농도를 만듭니다. 덩어리지면 왁스의 표면이 매끄럽게 굳지 않으니 덩어리가 생기지 않게 계속 저어 줘야 합니다.

9 표시해 놓은 첫 번째 선까지 왁스를 부어 줍니다. 온도가 낮아진 상태라 비커에 묻는 손실량이 많습니다.

10 두 번째 샌드 크림층을 만들기 위해 비커에 에코소야 PB 왁스 40g을 계량해 줍니다.

샌드 크림은 빵 질감을 내줄 필요가 없기 때문에 에코소야 PB 왁스만 단독으로 사용합니다.

11 핫플레이트에 올려 2~3단으로 왁스를 녹여 줍니다.

12 70℃ 정도에 프래그런스 오일을 왁스 총량의 10%인 4g을 넣어 줍니다.

How To Make

13 50℃가 될 때까지 계속 저어 표면에 살짝 막이 생기는 정도의 농도를 만듭니다. 에코소야 PB 왁스만 단독으로 사용했기 때문에 두 가지 왁스를 배합했을 때보다 굳는 속도가 더 빨라 초코층보다는 조금 더 높은 온도에 부어 줘야 합니다.

14 부어 놓은 왁스의 표면이 열감이 있더라도 굳은 상태라면 왁스를 부어 줘도 됩니다. 표시해 놓은 두 번째 선까지 왁스를 부어 줍니다. 온도가 낮아진 상태라 비커에 묻는 손실량이 많습니다.

15 세 번째 초코층을 만들기 위해 4~8번 과정을 한 번 더 반복한 후, 표시해 놓은 세 번째 선까지 왁스를 부어 줍니다.

16 네 번째 샌드 크림층을 만들기 위해 10~13번 과정을 한 번 더 반복한 후, 표시해 놓은 네 번째 선까지 왁스를 부어 줍니다.

17 다섯 번째 초코층을 만들기 위해 4~8번 과정을 한 번 더 반복한 후, 표시해 놓은 다섯 번째 선까지 왁스를 부어 줍니다.

제일 마지막에 붓는 왁스는 45~50℃ 정도로 약간 묽은 게 좋습니다. 온도가 낮아지면 덩어리지기 때문에. 제일 위에 보이는 표면이 매끈하려면 온도가 약간 높은 상태에서 부어 주는 것이 좋습니다.

18 열감이 남아 있지만 표면이 굳었다면 무스 틀을 제거해 줍니다.

How To Make

19 100% 굳은 것은 아니기 때문에 필름지의 테이프를 조심스럽게 제거합니다.

20 빵 질감을 내기 위해 나무젓가락으로 왁스를 두드려 줍니다. 가장 아래층은 많이 굳어 있는 상태여서 세게 두드려도 되지만, 가장 위층은 아직 열감이 남아 있기 때문에 조심스럽게 두드려야 합니다.

21-1 케이크의 끝부분에 총 세 개의 크림을 짜기 위해 ⅓ 지점에 크림을 짜 줍니다.

21-2 위에 딸기를 올려야 하므로 크림은 한 바퀴 돌려 짠 후 위로 가볍게 올려 줍니다.

21-3 동일한 방법으로 세 개의 크림을 짭니다.

22 크림이 굳기 전에 딸기를 올리고 꼬치로 심지를 말아 마무리합니다.

미니 생크림 케이크 캔들

레터링이 올라간 싱그러운 미니 생크림 케이크를 캔들로 만들어 봐요.
미니 생크림 케이크 캔들은 지름이 9.5cm 정도로 넓은 편에 속합니다.
큰 사이즈의 캔들에 붓는 크림을 자연스럽게 연출하기 위해서는 많은 연습이 필요합니다.
붓는 양과 흘러내리는 정도를 보고 옆으로 넘기면서 빠르게 부어 주는 게 제작 포인트입니다.

Ingredient

미니 생크림 케이크
에코소야 PB 왁스 300g, 프래그런스 오일 30g, 액체 염료(헌터그린), 6호 코팅 심지

스프링클
네이처 왁스 40g, 정제 밀랍 10g, 프래그런스 오일 2g, 액체 염료(레드, 블루, 오렌지, 헌터그린)

생크림
에코소야 PB 왁스 16g, 프래그런스 오일 2g

하트 & 알파벳
에코소야 PB 왁스 20g, 프래그런스 오일 2g, 액체 염료(헌터그린)

크림
네이처 왁스 150g

Make Tool

핫플레이트, 저울, 온도계, 비커, 시약 스푼 또는 헤라, 히팅건,
칼, 가위, 핀셋, 휘핑기, 케이크 돌림판, 몰드(케이크, 생크림, 하트, 알파벳), 종이컵, 꼬치,
스텐 트레이, 짤주머니, 원형 깍지 3호, OHP 필름지

How To Make

스프링클

1 비커에 네이처 왁스 40g, 정제 밀랍 10g 총 50g을 계량해 줍니다.

컬러가 진한 스프링클은 열감이 있는 크림 위에 얹기 때문에 쉽게 이염됩니다. 최대한 이염을 늦추기 위해 정제 밀랍을 섞어 제작합니다.

2 핫플레이트에 올려 2~3단으로 왁스를 녹이다가 왁스가 ⅓ 정도 남으면 핫플레이트에서 내려 잔열로 모두 녹여 줍니다.

3 프래그런스 오일을 왁스 총량의 3%인 2g을 넣어 줍니다.

4 왁스를 종이컵에 넣고 불투명해질 때까지 기다립니다. 종이컵을 눌렀을 때 왁스의 제형이 슬러시 같고 표면이 살짝 굳어 있어야 합니다.

5 휘핑기를 저속으로 설정하여 전체적으로 섞어 준 후 뿔의 모양이 유지될 때까지 고속으로 돌려 줍니다. 그 후 히팅건으로 살짝 녹이고 다시 저속으로 돌려 크리미한 크림 제형을 완성합니다. 정제 밀랍을 섞어 굳는 속도가 빠르므로, 히팅건으로 묽은 농도로 만들어 작업해 주세요.

짜는 크림 - 휘핑기를 사용해서 만드는 방법 41p

6 총 4가지 컬러를 만들기 위해 왁스를 미니 종이컵에 4등분합니다.

How To Make

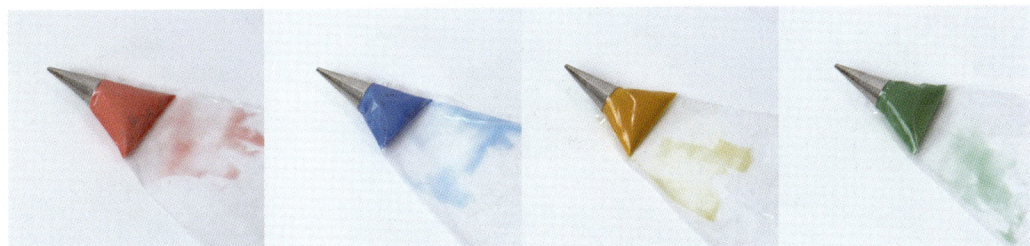

7 각 크림에 레드, 블루, 오렌지, 헌터그린 액체 염료를 한 방울씩 넣어 컬러를 만들어 줍니다. 짤주머니에 원형 깍지 3호를 끼고 크림을 넣어 준비합니다.

조색하는 동안에도 빠르게 굳으니, 틈틈이 히팅건으로 녹여 가면서 묽은 농도를 유지해 줘야 합니다. 깍지의 입구가 좁은 만큼 일반적인 크림 제형보다 묽어야 합니다.

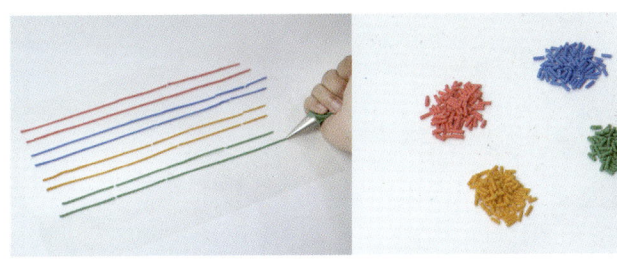

8 OHP 필름지 위에 크림을 일자로 짜 줍니다. 스프링클 모양으로 자르기 때문에 끊어져도 괜찮습니다.

9 크림이 굳으면 칼로 0.3cm 크기로 잘라 스프링클을 준비합니다.

How To Make

생크림

1 비커에 에코소야 PB 왁스 16g을 계량해 줍니다. 생크림 7개 분량입니다.

2 핫플레이트에 올려 2~3단으로 왁스를 녹여 줍니다.

3 85℃ 정도에 프래그런스 오일을 왁스 총량의 10%인 2g을 넣어 줍니다.

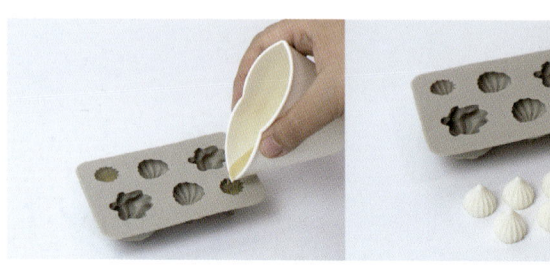

4 75~80℃가 되면 히팅건으로 몰드를 살짝 데운 후 제일 작은 사이즈의 생크림 몰드에 왁스를 부어 줍니다.

5 열감이 사라지고 완전히 굳으면 천천히 탈형합니다. 동일한 방법으로 총 7개의 생크림을 준비합니다.

How To Make

하트 & 알파벳

1 비커에 에코소야 PB 왁스 20g을 계량해 줍니다. 하트 7개와 이니셜 몰드 전체 분량입니다.

2 핫플레이트에 올려 2~3단으로 왁스를 녹여 줍니다.

3 90℃ 정도에 헌터그린 액체 염료를 한 방울 넣어 진한 그린 컬러를 만들어 줍니다.

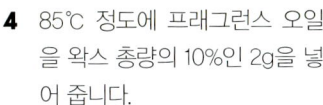

4 85℃ 정도에 프래그런스 오일을 왁스 총량의 10%인 2g을 넣어 줍니다.

5 75~80℃가 되면 히팅건으로 몰드를 살짝 데운 후 왁스를 부어 줍니다.

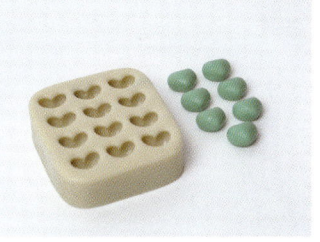

6 열감이 사라지고 완전히 굳으면 천천히 탈형해 하트를 준비합니다.

How To Make

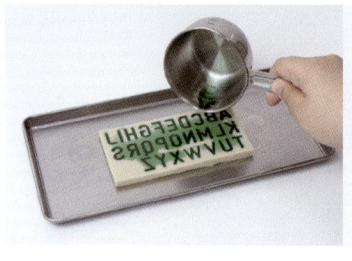  

7-1 남은 왁스를 75~80℃로 다시 녹여 알파벳 몰드를 채웁니다. 스텐 트레이 위에 올려둔 몰드를 히팅건으로 살짝 데운 후 왁스를 부어 줍니다.

알파벳 몰드처럼 얇고 작은 몰드는 붓다가 넘치는 경우가 많기 때문에 스텐 트레이 위에 올려놓고 작업합니다.

7-2 히팅건으로 위에 남아 있는 왁스를 밀어냅니다.

8 열감이 사라지고 완전히 굳으면 천천히 탈형해 알파벳을 준비합니다.

크림

 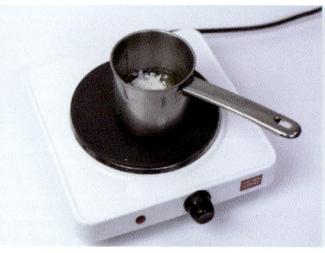 

1 비커에 네이처 왁스 150g을 계량해 줍니다.

2 핫플레이트에 올려 2~3단으로 왁스를 녹이다가 왁스가 ⅓ 정도 남으면 핫플레이트에서 내려 잔열로 모두 녹여 줍니다.

3 종이컵에 옮긴 후 굳지 않도록 계속 저으며 붓는 크림의 제형을 만들어 줍니다. 완성된 크림 제형은 너무 묽지 않고 되직한 단계의 중간 농도입니다.

농도가 유지되는 순간이 매우 짧기 때문에 완성 포인트를 보면서 빨리 작업해 줘야 합니다.

붓는 크림 만드는 방법 48p

How To Make

미니 생크림 케이크 캔들

1 에코소야 PB 왁스 300g을 계량해 줍니다.

  프로스팅 현상은 실내 온도가 낮은 겨울과 실리콘 몰드에서 잘 발생합니다. 프로스팅 현상이 생긴다면 필라 왁스와 정제 밀랍을 7:3의 비율로 배합해서 제작해 주세요. 프로스팅 현상이 발생하지 않는다면 필라 왁스로만 제작해도 됩니다.

2 핫플레이트에 올려 2~3단으로 왁스를 녹여 줍니다.

3 90℃ 정도에 헌터그린 액체 염료를 한 방울 넣어 민트 컬러를 만들어 줍니다.

4 85℃ 정도에 프래그런스 오일을 왁스 총량의 10%인 30g을 넣어 줍니다.

5 75~80℃가 되면 히팅건으로 몰드를 살짝 데운 후 왁스를 부어 줍니다.

6 표면이 살짝 굳으면 꼬치를 이용해서 심지 구멍을 뚫어 줍니다. 사용할 심지(6호)가 두껍기 때문에 꼬치를 돌려 주면서 구멍을 넉넉하게 뚫어 줍니다.

How To Make

7 열감이 사라지고 완전히 굳으면 천천히 탈형 후 케이크 돌림판 위에 올립니다.

8-1 종이컵 앞을 접은 후 크림을 부어 줍니다. 처음 부었을 때 너무 묽으면 아래로 흘러 버리고 너무 되직하면 흘러내리지 않습니다. 케이크의 중간 정도까지 흘러내리는 농도여야 합니다.

8-2 흘러내리는 느낌을 보고 옆으로 재빨리 넘겨 줍니다.

동일 지점에 크림을 많이 부으면 케이크 아래로 크림이 떨어지니, 케이크 높이의 ⅓ 정도까지 흘러내리면 옆으로 넘겨야 합니다.

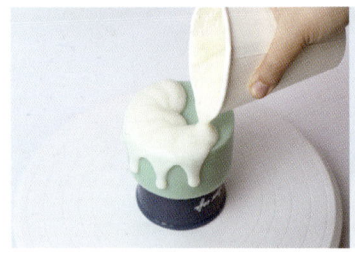

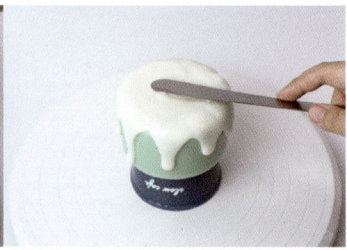

8-3 절반 정도 붓고 나면 크림이 살짝 굳어서 잘 나오지 않으니, 히팅건으로 살짝 녹인 다음 이어서 부어 줍니다.

계절마다 굳는 속도가 다를 수 있습니다.

8-4 끝까지 부은 후 남은 크림을 중앙에도 부어 줍니다.

8-5 따뜻하게 데운 헤라를 윗면에 갖다 대고 케이크 돌림판을 돌려서 평평하게 만들어 줍니다.

헤라를 윗면에 너무 바짝 갖다 대면 왁스가 바깥 라인까지 너무 많이 밀리므로, 어느 정도 높이를 유지해 줘야 합니다.

How To Make

9 꼬치를 이용해 중앙에 맞춰 심지 구멍을 이어서 뚫어 줍니다.

10 크림이 굳기 전에 하트와 생크림을 번갈아 올려 고정해 줍니다. 처음에는 자리만 잡아 주고 데코를 모두 올린 다음 확실히 고정해 줍니다.

11 핀셋으로 알파벳을 집어 원하는 문장을 완성합니다.

12 스프링클을 케이크의 빈 곳에 꽂아 줍니다.

스프링클을 꽂을 때쯤이면 왁스가 굳어서 고정이 잘 되지 않을 수 있습니다. 그럴 땐 캔들 글루 또는 남은 크림을 살짝 녹여 고정해 줍니다.

13 크림이 모두 굳으면 케이크를 들어 밑면에 6호 코팅 심지를 꽂아 줍니다.

14 꼬치로 심지를 말아 마무리합니다.

How To Make

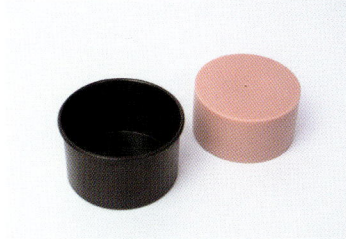 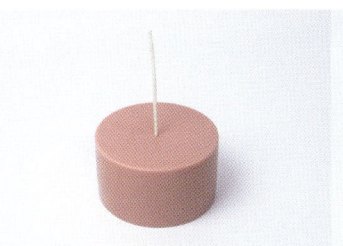 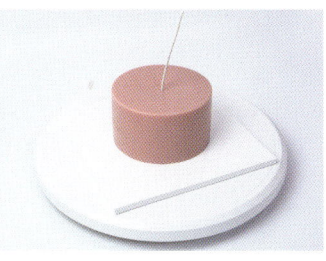

7 열감이 사라지고 완전히 굳으면 탈형합니다.

8 6호 코팅 심지를 꽂아 줍니다. 작거나 얇은 캔들은 왁스가 굳고 나서 심지를 꽂으면 쪼개질 수 있지만, 크고 두꺼운 캔들은 굳은 후 심지를 꽂아도 쪼개지지 않으니 안심하고 꽂아도 됩니다.

9 케이크 돌림판 위에 케이크 하판을 놓고 캔들을 올려 줍니다. 케이크 하단에도 장식이 들어가는 디자인이므로 시작 전에 케이크 하판에 올린 후 작업합니다.

10 크림도 케이크 캔들을 조색할 때와 동일하게 액체 염료를 토마토레드 3 : 피치블라썸 1 : 블랙 0.5 비율로 넣어 톤이 낮은 인디핑크 컬러를 만들어 줍니다. 크림화 과정으로 컬러가 더 밝아졌기 때문에 케이크 캔들 조색 때보다 더 많은 양을 넣어 줘야 합니다. 케이크 캔들과 비교하며 컬러를 맞춰 주세요.

11-1 짤주머니에 상투 깍지 195K를 끼고 크림을 넣어 케이크 상단 테두리에 셸 짜기를 합니다. 깍지를 30° 정도로 유지한 채로 케이크에서 1cm 정도 떨어진 상태에서 케이크에 닿을 때까지 크림을 짜 줍니다.

11-2 손목 스냅을 이용해 앞쪽 머리를 동그랗게 짜 준 후 힘을 빼며 바닥에서 빠르게 뒤로 빼 날렵하게 크림을 마무리합니다.

How To Make

 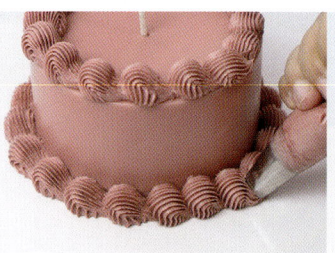 

11-3 동일한 방법으로 케이크의 테두리에 모두 셸 짜기를 하고 제일 마지막은 바깥쪽으로 빼 마무리합니다.

11-4 하단 역시 상단에서 시작했던 지점과 동일한 지점에서 셸 짜기를 해 줍니다.

12-1 짤주머니에 커플러와 별 깍지 35번을 끼고 크림을 넣어 케이크 상단 꺾이는 부분에 셸 짜기를 합니다. 깍지를 30° 정도로 유지한 채로 케이크에서 0.5cm 정도 떨어진 상태에서 케이크에 닿을 때까지 크림을 짜 줍니다.

동일한 컬러의 크림을 사용하고 깍지의 뒷지름이 동일하다면, 커플러를 사용해 깍지만 갈아 끼워 작업하여 번거로움을 줄일 수 있습니다.

12-2 손목 스냅을 이용해 앞쪽 머리를 동그랗게 짜 준 후 힘을 빼며 옆면에서 빠르게 뒤로 빼 날렵하게 크림을 마무리합니다.

옆면에 크림 데코 시 붙여서 크림을 짜지 않으면 흘러내릴 수 있습니다. 가깝게 짜면서 케이크에 잘 고정해 줍니다.

12-3 동일한 방법으로 케이크의 테두리에 모두 셸 짜기를 하고 제일 마지막은 수직으로 빼 마무리합니다.

셸 짜기를 할 때는 30° 정도 눕힌 상태로 짜기 때문에 마지막에 오면 처음에 짰던 크림에 닿을 수밖에 없습니다. 따라서 마지막 크림을 짤 때는 수직으로 꺾어 바깥쪽으로 빼 줍니다.

13-1 네임펜으로 케이크의 옆면 중앙에 크림을 짤 곳을 일정한 간격으로 표시합니다.

How To Make

13-2 원형 깍지 3호로 갈아 끼고 케이크에서 깍지를 수직으로 유지한 채 시작점을 찍어 줍니다. 케이크에서 0.3cm 정도 떨어진 상태에서 반원 짜기를 합니다. 원형 깍지는 입구가 좁아서 금방 굳으니 빠르게 짜는 게 중요합니다.

13-3 찍어 놓은 점의 위치를 보며 사이즈를 잘 맞춰서 반원 짜기를 해 줍니다.

옆면 데코 시에는 몸을 낮춰 눈과 케이크를 일직선 상에 둬야 작업하기 수월합니다.

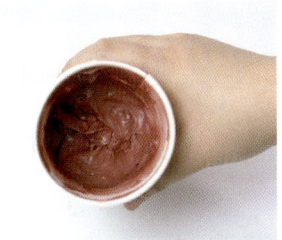

13-4 동일한 방법으로 옆면에 모두 반원 짜기를 합니다.

13-5 짜 놓은 크림 아래로 동일하게 한 번 더 반원 짜기를 합니다.

처음에 짜는 시작점은 그 위에 크림 장식을 한 번 더 올릴 것이기 때문에, 크림이 겹쳐서 모양이 예쁘지 않아도 괜찮습니다.

14 남은 크림에 액체 염료를 토마토 레드 3 : 피치블라썸 1 : 블랙 0.5의 비율로 한 번 더 넣어 포인트 컬러를 만들어 줍니다. 모두 동일한 컬러이면 단조롭기 때문에 베이스 컬러보다 더 진하거나 더 연한 컬러를 만들어 사용합니다.

How To Make

15 짤주머니에 윌튼 14호 깍지를 끼고 크림을 넣어 케이크 상단 꺾이는 부분 빈틈에 셸 짜기를 합니다. 아래에 이미 짜 놓은 크림이 있기 때문에 너무 바닥에 닿으면 크림이 깎일 수도 있으니 힘 조절을 하면서 짭니다. 시작점은 모두 동일하게 맞춰 줍니다.

16 케이크 하단에 짜 놓은 크림과 케이크 사이 빈틈에 팔자 짜기를 해 줍니다. 사이에 짜야 하기 때문에 바닥에서 수직으로 짜는 것이 아닌 깍지를 45° 정도로 놓고 짜야 합니다. 동일 시작점에서 팔자를 이어서 짜 줍니다.

17-1 반원 짜기 시작점에 셸 짜기처럼 크림의 머리를 아래로 짠 후 위로 빼 줍니다. 크림을 거꾸로 짜야 하고 이미 있는 크림 위에 짜야 하기 때문에 힘 조절을 해 줍니다.

17-2 동일한 방법으로 양쪽으로 짜 줍니다.

17-3 크림이 굳기 전에 핀셋으로 진주를 집어 고정해 줍니다.

17-4 모든 면을 동일하게 작업합니다.

How To Make

18-1 짤주머니에 상투 깍지 195K를 끼고 크림을 넣어 케이크에서 1cm 정도 떨어진 상태에서 케이크에 닿을 때까지 크림을 짜 줍니다. 총 다섯 개를 짜야 하므로 사이즈를 조절해서 짜 줍니다.

18-2 위에 딸기를 얹기 위해 딸기보다는 넓고 동그랗게 짜 줍니다.

18-3 크림이 굳기 전에 딸기를 얹어 고정해 줍니다.

18-4 모두 동일하게 작업합니다.

19 심지를 잘라 줍니다. 심지를 보여 주기 위해서 딸기 높이로 잘랐지만, 연소 시에는 캔들 위 0.5cm 정도 높이로 짧게 잘라 줘야 합니다.

PART 4.

MAKING CANDLES

젤 캔들

초급 중급 고급

하리보 캔들

말랑말랑 귀엽고 앙증맞은 꼬마곰 모양의 하리보 젤리를 캔들로 만들어 봐요.
젤 왁스는 무색, 무취이기 때문에 프래그런스 오일을
3%만 넣어도 발향이 매우 잘 되는 편입니다.
미니 메리고 용기에 하리보 캔들을 가득 담아 방향제처럼 사용해 주세요.

Follow

Ingredient

HP 젤 왁스 50g, 프래그런스 오일 2g, 고체 염료(레드, 옐로, 오렌지, 라임, 퍼플)

Make Tool

핫플레이트, 저울, 온도계, 비커, 시약 스푼 또는 헤라, 히팅건, 가위,
미니 메리고 용기, 리본, 꼬마곰 젤리(하리보) 몰드

How To Make

1 비커에 HP 젤 왁스 50g을 계량해 줍니다.

몰드에 부어서 제작하기 때문에, MP 젤 왁스보다는 오일의 함량이 적어 덜 미끌거리는 HP 젤 왁스를 사용합니다.

2 핫플레이트에 올려 3~4단으로 왁스를 녹여 줍니다.

3 110℃ 정도에 프래그런스 오일을 왁스 총량의 3%인 2g을 넣어 줍니다.

소분 후에는 프래그런스 오일의 함량이 1g 미만으로 극소량이기 때문에 조색 전에 프래그런스 오일을 넣어 줍니다.

4 다섯 가지 컬러를 만들기 위해 각 비커에 10g씩 나눠 담은 후, 105℃ 정도에 레드, 옐로, 오렌지, 라임, 퍼플 고체 염료를 소량 깎아 넣어 각각의 컬러를 만들어 줍니다.

소이 왁스에서 옐로 컬러를 만들 때는 왁스 본연의 컬러와 섞이기 때문에 오렌지 염료를 넣어서 옐로 컬러를 만들지만, 젤 왁스는 투명하기 때문에 옐로 염료를 넣어도 염료 컬러 그대로 발색이 됩니다.

5 100℃ 정도가 되면 히팅건으로 몰드를 살짝 데운 후 왁스를 부어 줍니다.

6 열감이 사라지고 완전히 굳으면 천천히 탈형합니다.

How To Make

7 미니 메리고 용기에 담아 줍니다.

8 메리고 뚜껑에 리본을 묶어 마무리합니다.

9 방향제 대신 연소시킬 수 있는 캔들로 제작하려면 젤 캔들을 넣기 전에 심지를 넣어 줍니다.

젤 왁스의 점성으로 인해 심지는 표준보다 큰 호수의 심지를 테스트 후 사용해야 합니다.

프루티부시 캔들

쫀득한 젤리와 몰랑한 마시멜로 그리고
그 안에 시럽이 톡 터지는 프루티부시를 캔들로 만들어 봐요.
프루티부시 캔들은 젤 왁스와 소이 왁스 두 가지 왁스를 이용해서 제작합니다.
하리보 캔들과 마찬가지로 미니 메리고 용기에 프루티부시 캔들을
가득 담아 방향제처럼 사용해 주세요.

Follow

Ingredient

HP 젤 왁스 40g, 에코소야 PB 왁스 30g, 프래그런스 오일 4g,
고체 염료(레드, 오렌지, 라임), 액체 염료(레드, 오렌지, 헌터그린)

Make Tool

핫플레이트, 저울, 온도계, 비커, 시약 스푼 또는 헤라, 히팅건, 가위, 종이컵,
프루티부시 몰드, 미니 메리고 용기, 리본

How To Make

1 비커에 HP 젤 왁스 40g을 계량해 줍니다. 프루티부시 12개 분량입니다.

몰드에 부어서 제작하기 때문에, MP 젤 왁스보다는 오일의 함량이 적어 덜 미끌거리는 HP 젤 왁스를 사용합니다.

2 핫플레이트에 올려 3~4단으로 왁스를 녹여 줍니다.

3 110℃ 정도에 프래그런스 오일을 왁스 총량의 3%인 1g을 넣어 줍니다.

소분 후에는 프래그런스 오일의 함량이 1g 미만으로 극소량이기 때문에 조색 전에 프래그런스 오일을 넣어 줍니다.

4 세 가지 컬러를 만들기 위해 각 비커에 6~7g씩 나눠 담은 후, 105℃ 정도에 레드, 오렌지, 라임 고체 염료를 소량 깎아 넣어서 각각의 컬러를 만들어 줍니다.

프루티부시 몰드가 6구이기 때문에 2번에 나누어 작업합니다.

5 100℃ 정도가 되면 히팅건으로 몰드를 살짝 데운 후 왁스를 몰드의 ⅔까지 부어 줍니다.

6 반 정도 굳었을 때 온도계 또는 유리 막대를 이용해 가운데 부분을 눌러 살짝 구멍을 만들어 줍니다. 바닥까지는 뚫지 않아도 되고 시럽을 표현할 젤을 넣을 공간만 있으면 됩니다.

붓는 양이 적은 데다가 젤 왁스 특성상 굳는 속도가 매우 빨라 완전히 굳으면 구멍을 만들기가 쉽지 않으니 계속 지켜보면서 구멍을 만들어 줍니다.

How To Make

7 남은 왁스에 레드, 오렌지, 헌터 그린 액체 염료를 한 방울씩 넣어 진한 시럽 컬러를 만들어 줍니다.

만들 시럽의 양이 0.1~0.2g 정도이기 때문에 남은 왁스가 극소량이어도 됩니다. 표면에서 봤을 때도 잘 보이도록 미리 부어 놓은 왁스의 컬러보다 훨씬 진하게 만들어 줍니다.

8 젤 왁스가 반 정도 굳어서 손으로 만졌을 때 열감이 남아 있고 형태를 만들 수 있는 정도가 되면 손으로 떼서 동그랗게 만들어 줍니다.

9 만들어 놓은 구멍 사이에 시럽을 표현할 왁스를 넣어 줍니다.

10 마시멜로 부분을 만들기 위해 에코소야 PB 왁스 30g을 계량해 줍니다.

11 핫플레이트에 올려 2~3단으로 왁스를 녹인 후 세 개의 비커에 10g씩 소분합니다.

12 90℃ 정도에 레드와 오렌지 고체 염료를 각 비커에 넣어 컬러를 만들어 줍니다. 화이트 컬러는 염료를 넣지 않으면 왁스 본연의 컬러인 화이트가 됩니다.

실재 프루티부시와 동일하게 마시멜로 컬러를 만들기 위해 레드-레드, 오렌지-오렌지, 라임-화이트로 조색해 줍니다. 마시멜로는 컬러가 매우 연하니 고체 염료를 아주 소량만 넣어 주세요.

How To Make

 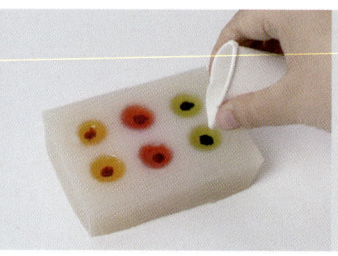 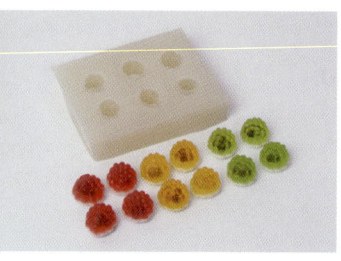

13 85℃ 정도에 각 비커에 프래그런스 오일을 왁스 총량의 10%인 1g씩 넣어 줍니다.

14 75~80℃ 정도가 되면 왁스를 부어 줍니다.

15 열감이 사라지고 완전히 굳으면 천천히 탈형합니다. 앞의 과정을 한 번 더 반복해 총 12개를 제작해 줍니다.

16 히팅건으로 표면을 살짝 데워서 젤 왁스의 투명함을 살려 줍니다.

17 미니 메리고 용기에 담고 뚜껑에 리본을 묶어 마무리합니다.

Try Again

프루티부시
하리보 캔들

프루티부시는 하리보와 달리 쌓았을 때 사이사이에 공간이 커 연소 시 빈 공간으로 인해 불꽃이 꺼질 수도 있습니다. 프루티부시와 앞서 만든 하리보를 이용해 연소용 캔들을 만들어 봅니다.

1 심지 탭에 심지 스티커를 붙여 미니 메리고 용기 중앙에 고정해 줍니다.

젤 왁스의 점성으로 인해 심지는 표준보다 큰 호수의 심지를 테스트 후 사용해야 합니다.

2 프루티부시와 하리보를 준비해 줍니다.

3 프루티부시를 먼저 넣고 남은 공간에 하리보를 넣어 최대한 빈틈없게 채워 마무리합니다.

초급 중급 고급

핑크에이드 캔들

핑크 소다에 톡 쏘는 레몬향이 매력적인 핑크에이드를 캔들로 만들어 봐요.
젤 왁스를 이용해 투명함이 살아 있는 기본적인 에이드 캔들을 제작해 봅니다.
융점이 높은 HP 젤 왁스를 얼음으로 사용하면
얼음의 형태가 유지되어 더욱 청량한 느낌을 표현할 수 있습니다.

Follow

Ingredient

MP 젤 왁스 120g, HP 젤 왁스 120g, 프래그런스 오일 4g, 고체 염료(핑크),
프리저브드 비자나무잎, 페이퍼 빨대, 6호 코팅 심지

Make Tool

핫플레이트, 저울, 온도계, 비커, 시약 스푼 또는 헤라,
쇠막대 또는 쇠젓가락, 히팅건, 가위, 꼬치, 유리컵

How To Make

1 얼음을 표현해 줄 HP 젤 왁스 120g을 계량해 줍니다.

2 가위를 이용해 1~1.5cm 크기로 잘라 줍니다.

3 에이드를 표현해 줄 MP 젤 왁스 120g을 계량 후, 핫플레이트에 올려 3~4단으로 왁스를 녹여 줍니다.

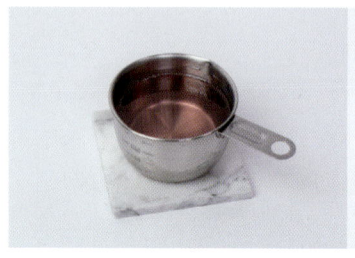  

4 105℃ 정도에 핑크 고체 염료를 소량 깎아 넣어 컬러를 만들어 줍니다.

5 100℃ 정도에 프래그런스 오일을 왁스 총량의 3%인 4g을 넣어 줍니다.

6-1 잘라 놓은 HP 젤 왁스(얼음)를 유리컵의 반 정도 채워 줍니다.

HP 젤 왁스를 한 번에 다 채우면 MP 젤 왁스를 부을 때 아래로 내려가는 동안 굳어서 잔 끝까지 골고루 치지 않기 때문에 두 번에 나누어 넣어 줍니다.

How To Make

6-2 95~100℃가 되면 녹여 놓은 MP 젤 왁스(에이드)를 반 정도 부어 줍니다.

6-3 프리저브드 비자나무 잎을 꽂은 후 같은 과정을 한 번 더 반복해 끝까지 채워 줍니다.

7 열감이 사라지고 완전히 굳으면 쇠막대 또는 쇠젓가락을 이용해 심지 구멍을 뚫어 줍니다.

젤 왁스를 완전히 굳히지 않고 뚫으면 구멍이 뚫리지 않고 왁스가 밀리면서 형태가 뭉그러지니 충분히 굳혀 줍니다.

8 왁스가 굳으면 6호 코팅 심지의 심지 탭을 자른 후 심지를 꽂아 줍니다.

9 꼬치를 이용해 심지를 말고, 페이퍼 빨대의 끝을 사선으로 자른 후 꽂아 마무리합니다.

연소 시에는 화재의 위험이 있으니 장식을 제거 후 사용합니다.

초급 중급 고급

맥주 캔들

거품 가득 시원한 맥주를 캔들로 만들어 봐요.
보글보글 올라오는 하얀 거품은 소이 왁스로,
얼음이 살아 있는 청량한 맥주는 MP와 HP 젤 왁스로 만듭니다.
융점이 높은 HP 젤 왁스를 얼음으로 사용하면 얼음의 형태가 유지되어
더욱 청량한 느낌을 표현할 수 있습니다.

Follow

Ingredient

맥주
MP 젤 왁스 160g, HP 젤 왁스 200g, 프래그런스 오일 5g, 액체 염료(옐로), 6호 코팅 심지

크림
네이처 왁스 190g, 프래그런스 오일 19g

Make Tool

핫플레이트, 저울, 온도계, 비커, 시약 스푼 또는 헤라,
쇠막대 또는 쇠젓가락, 히팅건, 가위, 맥주잔

How To Make

크림

 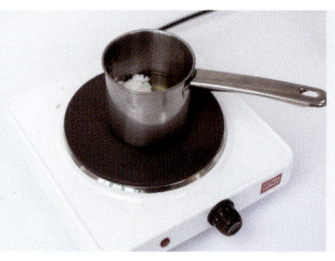 

1 네이처 왁스 190g을 계량해 줍니다.

2 핫플레이트에 올려 2~3단으로 왁스를 녹이다가 왁스가 ⅓ 정도 남으면 핫플레이트에서 내려 잔열로 모두 녹여 줍니다.

3 프래그런스 오일을 왁스 총량의 10%인 19g을 넣어 줍니다.

4 어느 정도 굳으면 몇 번씩 뒤집으며 덩어리를 만들어 줍니다.

  짜는 크림을 만들 때처럼 자주 저어 주면 풀리면서 덩어리가 지지 않으니 충분히 굳으면 저어 줍니다.

How To Make

맥주 캔들

1 얼음을 표현해 줄 HP 젤 왁스 200g을 계량해 줍니다.

2 가위를 이용해 1.5~1.7cm 크기로 잘라 줍니다.

3 맥주를 표현해 줄 MP 젤 왁스 160g을 계량해 줍니다.

4 핫플레이트에 올려 3~4단으로 왁스를 녹여 줍니다.

5 105℃ 정도에 옐로 액체 염료를 네 방울 넣어 컬러를 만들어 줍니다.

6 100℃ 정도에 프래그런스 오일을 왁스 총량의 3%인 5g을 넣어 줍니다.

How To Make

7-1 잘라 놓은 HP 젤 왁스(얼음)를 맥주잔의 ⅓까지 채워 줍니다.

HP 젤 왁스를 한 번에 다 채우면 MP 젤 왁스를 부을 때 아래로 내려가는 동안 굳어서 잔 끝까지 골고루 치지 않기 때문에 나누어 넣어 줍니다.

7-2 95~100℃가 되면 녹여 놓은 MP 젤 왁스(맥주)를 ⅓ 정도 부어 줍니다.

7-3 같은 과정을 두 번 반복해 끝까지 채운 후 굳혀 줍니다.

8 크림을 헤라로 떠서 동그랗게 올려 줍니다.

젤 왁스를 충분히 굳히지 않은 상태로 올리면 위에 얹은 크림이 열에 의해 녹을 수 있으니 열이 없을 때까지 완전히 굳힌 후 올려 줍니다.

9 크림이 굳기 전에 쇠막대 또는 쇠젓가락을 이용해 심지 구멍을 뚫어 줍니다.

젤 왁스는 말랑말랑하기 때문에 다 굳어도 쇠막대로 힘을 주어 누르면 심지 구멍을 만들 수 있습니다.

10 크림이 굳으면 6호 코팅 심지의 심지 탭을 자른 후 심지를 꽂아 마무리합니다.

Try Again

크림 생맥주 캔들

젤 왁스를 이용해서 쫀쫀한 크림이 돋보이는 크림 생맥주를 만들어 봅니다.

1 맥주는 동일한 방법으로 제작하고, 크림 부분은 젤 왁스를 녹인 후 화이트 고체 염료를 넣어 불투명한 화이트 컬러로 만들어 줍니다.

2 95~100℃가 되면 녹여 놓은 왁스를 부어 줍니다.

3 열감이 사라지고 완전히 굳으면 쇠막대 또는 쇠젓가락을 이용해 심지 구멍을 뚫어 6호 코팅 심지를 꽂아 마무리합니다.

초급 중급 고급

블루 하와이안 칵테일 캔들

영롱한 에메랄드 빛깔의 블루 하와이안 칵테일을 캔들로 만들어 봐요.
투명한 칵테일에 잘 어울리는 MP 젤 왁스를 이용해
블루에서 라임컬러로 그러데이션되는 블루 하와이안 칵테일을 만들고,
드라이 오렌지와 프리저브드 티트리로 장식해 싱그러움을 더합니다.

Follow

Ingredient

블루 하와이안 칵테일
MP 젤 왁스 120g, HP 젤 왁스 150g, 프래그런스 오일 4g,
고체 염료(터콰이즈, 라임), 드라이 오렌지, 프리저브드 티트리, 6호 코팅 심지

리밍
에코소야 PB 왁스 10g

Make Tool

핫플레이트, 저울, 온도계, 비커, 시약 스푼 또는 헤라,
쇠막대 또는 쇠젓가락, 히팅건, 가위, 칼, 목공풀, 꼬치, 종이컵, 칵테일 잔

How To Make

리밍

1. 비커에 에코소야 PB 왁스 10g을 계량해 줍니다.
2. 핫플레이트에 올려 2~3단으로 왁스를 녹여 줍니다.
3. 왁스가 다 녹으면 넓이가 넓은 종이컵에 부어 넓게 퍼트려 줍니다.

4. 종이컵에서 탈형합니다.
5. 칼을 이용해서 0.2cm 크기로 잘라 줍니다.

슈가 파우더처럼 곱게 부수는 것보다 입자가 살짝 커야 칵테일 잔에 붙였을 때 돋보입니다.

How To Make

블루 하와이안 칵테일 캔들

1 리밍을 표현하기 위해 칵테일 잔 테두리에 목공풀을 발라 줍니다.

2 잘라 놓은 왁스를 칵테일 잔에 굴려 가며 붙여 줍니다. 잔 바로 위에 왁스가 있으면 안쪽으로 떨어질 수 있기 때문에 살짝 바깥쪽으로 밀어 줍니다.

3 얼음을 표현해 줄 HP 젤 왁스 150g을 계량해 줍니다.

4 가위를 이용해 1~1.5cm 크기로 잘라 줍니다.

5 칵테일을 투톤으로 작업하기 위해서 MP 젤 왁스를 비커 2개에 각각 60g씩 계량해 줍니다.

6 핫플레이트에 올려 3~4단으로 왁스를 녹여 줍니다.

How To Make

7 105℃ 정도에 각 비커에 터콰이즈 고체 염료와 라임 고체 염료를 넣어 컬러를 만듭니다.

8 100℃ 정도에 프래그런스 오일을 각 비커에 왁스 총량의 3%인 2g씩 넣어 줍니다.

9-1 잘라 놓은 HP 젤 왁스(얼음)를 칵테일 잔의 반 정도 채워 줍니다.

HP 젤 왁스를 한 번에 채우면 MP 젤 왁스를 부을 때 아래로 내려가는 동안 굳어서 잔 끝까지 골고루 차지 않기 때문에 두 번에 나누어 넣어 줍니다.

9-2 95~100℃가 되면 녹여 놓은 블루 컬러의 MP 젤 왁스(칵테일)를 칵테일 잔의 반 정도 채워 줍니다.

9-3 남은 얼음을 다 넣은 후, 녹여 놓은 라임 컬러의 MP 젤 왁스(칵테일)를 부어 줍니다.

왁스를 칵테일 잔 끝까지 채우면 리밍을 표현해 준 왁스가 젤 왁스의 온도에 의해 녹으니 끝까지 채우지 않게 주의합니다.

10 열감이 사라지고 완전히 굳으면 쇠막대 또는 쇠젓가락을 이용해 심지 구멍을 뚫어 줍니다.

젤 왁스를 완전히 굳히지 않고 뚫으면 구멍이 뚫리지 않고 왁스가 밀리면서 형태가 뭉그러지니 충분히 굳혀 줍니다.

How To Make

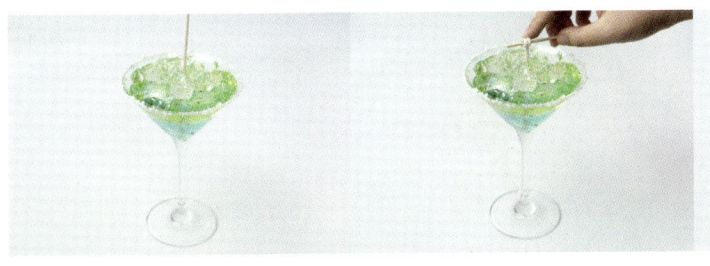

11 왁스가 굳으면 6호 코팅 심지의 심지 탭을 자른 후 심지를 꽂아 줍니다.

12 꼬치를 이용해 심지를 말아 줍니다.

13-1 칵테일 잔에 드라이 오렌지를 꽂기 위해 가위로 0.3cm 정도 자릅니다.

13-2 가위로 칵테일 윗부분을 잘라 드라이 오렌지를 꽂을 자리를 만든 후 드라이 오렌지를 꽂아 줍니다.

13-3 프리저브드 티트리를 드라이 오렌지 뒤에 꽂아 마무리합니다.

초급 　중급　 고급

피치 크러시 칵테일 캔들

얼음을 가득 채운 글라스에 크랜베리 주스를 붓고 피치 리큐르를 넣어
루비 컬러를 닮은 피치 크러시 칵테일을 캔들로 만들어 봐요.
동일 색상의 채도 그러데이션을 표현하기 위해 액체 염료를 왁스와 섞지 않고 바로 부어 줍니다.
마무리로 자몽과 티트리를 이용해 간단한 칵테일 가니쉬를 만들어 장식합니다.

Follow

Ingredient

피치 크러시 칵테일
MP 젤 왁스 140g, HP 젤 왁스 100g, 프래그런스 오일 4g, 액체 염료(레드), 6호 코팅 심지

리밍
에코소야 PB 왁스 10g

자몽 & 티트리 장식
HP 젤 왁스 20g, 액체 염료(레드), 프리저브드 티트리

Make Tool

핫플레이트, 저울, 온도계, 비커, 시약 스푼 또는 헤라,
쇠막대 또는 쇠젓가락, 히팅건, 가위, 칼, 목공풀, 종이컵, 칵테일 잔, 귤 몰드, 꼬치

How To Make

리밍

1 비커에 에코소야 PB 왁스 10g을 계량 후 핫플레이트에 올려 2~3단으로 왁스를 녹여 줍니다.

2 왁스가 다 녹으면 넓이가 넓은 종이컵에 부어 넓게 퍼트려 줍니다.

3 왁스가 굳으면 종이컵에서 탈형 후 칼을 이용해서 0.2cm 크기로 잘라 줍니다.

슈가 파우더처럼 곱게 부수는 것보다 입자가 살짝 커야 칵테일 잔에 붙였을 때 돋보입니다.

자몽 & 티트리 장식

 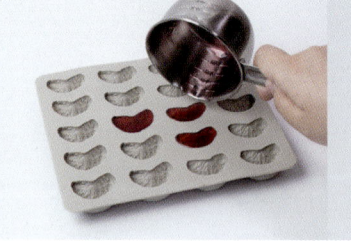 

1 비커에 자몽 3개 분량의 HP 젤 왁스 20g을 계량 후, 핫플레이트에 올려 3~4단으로 왁스를 녹여 줍니다.

2 110℃ 정도에 레드 액체 염료를 넣어 자몽 컬러를 만들어 주고, 100℃가 되면 히팅건으로 몰드를 살짝 데운 후 왁스를 부어 줍니다.

3 열감이 사라지면 탈형 후 꼬치 가운데에 꽂아 줍니다. 프리저브드 티트리를 목공풀로 자몽 사이에 붙여 고정해 줍니다.

젤의 특성상 한 번에 꽂지 않으면 왁스가 꼬치에 쓸리면서 찢어질 수 있습니다. 위치를 잘 잡아서 한 번에 천천히 꽂아 줍니다.

How To Make

피치 크러시 칵테일 캔들

1 리밍을 표현하기 위해 칵테일 잔 테두리에 목공풀을 발라 줍니다.

2 잘라 놓은 왁스를 칵테일 잔에 굴려 가며 붙여 줍니다. 잔 바로 위에 왁스가 있으면 안쪽으로 떨어질 수 있기 때문에 살짝 바깥쪽으로 밀어 줍니다.

3 얼음을 표현해 줄 HP 젤 왁스 100g을 계량해 줍니다.

4 가위를 이용해 1~1.5cm 크기로 잘라 줍니다.

5 칵테일을 투톤으로 작업하기 위해서 MP 젤 왁스를 비커 2개에 각각 70g씩 계량해 줍니다.

6 핫플레이트에 올려 3~4단으로 왁스를 녹여 줍니다.

How To Make

7 105℃ 정도에 첫 번째 비커에는 레드 액체 염료를 꼬치로 소량 찍어 넣어 연한 레드 컬러를 만들고, 두 번째 비커에는 레드 액체 염료를 두 방울 넣어 진한 레드 컬러를 만들어 줍니다.

8 100℃ 정도에 프래그런스 오일을 각 비커에 왁스 총량의 3%인 2g씩 넣어 줍니다.

9-1 잘라 놓은 HP 젤 왁스(얼음)를 칵테일 잔의 ⅓까지 채워 줍니다.

9-2 레드 액체 염료를 소량 부어 줍니다.

시럽이 칵테일 잔 맨 아래에 제일 진한 컬러로 고여 있는 느낌을 표현하기 위해 레드 액체 염료를 왁스에 섞지 않고 바로 부어 줍니다.

9-3 진한 레드 컬러의 MP 젤 왁스(칵테일)가 95~100℃가 되면 부어 줍니다.

9-4 남은 얼음을 넣고 그러데이션을 위해 녹여 놓은 연한 레드 컬러의 MP 젤 왁스를 부어 줍니다. 장식을 올리기 위해 얼음은 4~5개 정도 남겨 둡니다.

왁스를 칵테일 잔 끝까지 채우면 리밍을 표현해 준 왁스가 젤 왁스의 온도에 의해 녹으니 끝까지 채우지 않게 주의합니다.

How To Make

10-1 자몽 & 티트리 장식의 받침대 역할을 하기 위해 빼놓은 얼음을 뒤쪽에 가로로 배치해 줍니다.

10-2 자몽 & 티트리 장식을 올려줍니다. 장식을 올린 직후에는 고정이 안 돼서 움직일 수 있지만 시간이 흐르면 젤 왁스의 점성으로 인해 고정됩니다.

11 열감이 사라지고 완전히 굳으면 쇠막대 또는 쇠젓가락을 이용해 심지 구멍을 뚫어 줍니다.

젤 왁스를 완전히 굳히지 않고 뚫으면 구멍이 뚫리지 않고 왁스가 밀리면서 형태가 뭉그러지니 충분히 굳혀 줍니다.

12 왁스가 굳으면 6호 코팅 심지의 심지 탭을 자른 후 심지를 꽂아 줍니다.

13 꼬치를 이용해 심지를 말아 마무리합니다.

연소 시에는 화재의 위험이 있으니 장식을 제거 후 사용합니다.

초급　중급　고급

유니콘 칵테일 캔들

몽환적인 컬러와 칵테일에 퐁당 빠진 인어 꼬리가 돋보이는
유니콘 칵테일을 캔들로 만들어 봐요.
핑크와 바이올렛 컬러로 몽환적인 느낌의 칵테일을 만들고
두 가지 컬러가 어우러진 인어 꼬리를 올려 줍니다.
포인트로 신비로움이 가득한 푸른 바다 진주로 장식합니다.

Follow

Ingredient

유니콘 칵테일
MP 젤 왁스 80g, HP 젤 왁스 60g, 프래그런스 오일 2g,
고체 염료(핑크, 바이올렛), 푸른바다 진주, 페이퍼 빨대, 5호 코팅 심지

인어
에코소야 PB 왁스 7g, 정제 비즈 왁스 3g, 고체 염료(핑크, 바이올렛)

Make Tool

핫플레이트, 저울, 온도계, 비커, 시약 스푼 또는 헤라,
쇠막대 또는 쇠젓가락, 히팅건, 가위, 핀셋, 인어 꼬리 몰드, 유리컵, 캔들 글루

How To Make

인어

1 비커에 에코소야 PB 왁스 7g, 정제 비즈 왁스 3g을 계량해 줍니다.

빨리 굳을 수 있도록 정제 비즈 왁스를 섞어서 제작합니다.

2 핫플레이트에 올려 2~3단으로 왁스를 녹인 후 두 개의 비커에 5g씩 나눠 담습니다.

3 100℃ 정도에 각 비커에 바이올렛 고체 염료와 핑크 고체 염료를 넣어 컬러를 만듭니다.

정제 비즈 왁스의 붓는 온도가 필라 왁스보다 높기 때문에, 두 가지 왁스를 배합하는 경우 온도는 더 높은 쪽을 따라갑니다.

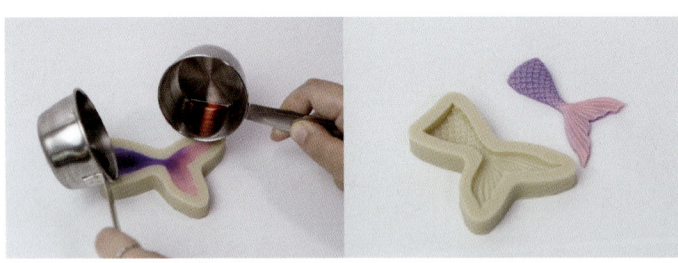

4 85℃가 되면 몰드의 양쪽 끝에서부터 왁스를 부어 줍니다.

몰드를 데우면 뜨거워져서 왁스를 붓자마자 섞이면서 한 가지 컬러가 될 수 있으므로, 최대한 온도를 낮춘 다음 부어 줍니다.

5 열감이 사라지고 완전히 굳으면 탈형합니다.

How To Make

유니콘 칵테일 캔들

1 얼음을 표현해 줄 HP 젤 왁스 60g을 계량해 줍니다.

2 가위를 이용해 1~1.3cm 크기로 잘라 줍니다.

3 칵테일을 투톤으로 작업하기 위해 MP 젤 왁스를 비커 2개에 각각 40g씩 계량해 줍니다.

4 핫플레이트에 올려 3~4단으로 왁스를 녹여 줍니다.

5 105℃ 정도에 각 비커에 핑크 고체 염료와 바이올렛 고체 염료를 넣어 컬러를 만들어 줍니다.

6 100℃ 정도에 프래그런스 오일을 각 비커에 왁스 총량의 3%인 1g씩 넣어 줍니다.

How To Make

7-1 잘라 놓은 HP 젤 왁스(얼음)를 유리컵의 반 정도까지 채워 줍니다.

HP 젤 왁스를 한 번에 채우면 MP 젤 왁스를 부을 때 아래로 내려가는 동안 굳어서 잔 끝까지 골고루 차지 않기 때문에 두 번에 나누어 넣어 줍니다.

7-2 95~100℃ 정도가 되면 녹여 놓은 핑크 컬러 MP 젤 왁스(칵테일)를 컵의 반 정도까지 부어 줍니다.

7-3 남은 얼음을 다 넣고 녹여 놓은 바이올렛 컬러의 MP 젤 왁스(칵테일)를 부어 줍니다.

인어 꼬리를 얹을 자리를 위해 왁스는 끝까지 채우지 않습니다.

8 열감이 사라지면 인어 꼬리를 얹어 줍니다.

인어 꼬리는 어느 정도 시간이 지나면 젤 왁스의 점성으로 인해 고정됩니다. 바로 고정하고 싶다면 캔들 글루를 사용하세요.

9 푸른바다 진주를 인어 꼬리 앞에 캔들 글루를 이용해 고정해 줍니다.

핀셋을 이용하면 더욱 섬세하게 고정할 수 있습니다.

10 열감이 사라지고 완전히 굳으면 쇠막대 또는 쇠젓가락을 이용해 심지 구멍을 뚫어 줍니다.

젤 왁스를 완전히 굳히지 않고 뚫으면 구멍이 뚫리지 않고 왁스가 밀리면서 형태가 뭉그러지니 충분히 굳혀 줍니다.

How To Make

11 5호 코팅 심지의 심지 탭을 자른 후 심지를 꽂아 줍니다.

12 꼬치를 이용해 심지를 말아 줍니다.

13 페이퍼 빨대의 끝을 사선으로 자른 후 꽂아 마무리합니다.

연소 시에는 화재의 위험이 있으니 장식을 제거 후 사용합니다.

블루베리
모히또 캔들

허브를 넣어 향긋한 모히또에 블루베리 시럽을 넣은 블루베리 모히또를 캔들로 만들어 봐요.
다양한 프리저브드를 이용해 리얼한 허브의 느낌을 살리고
이염을 최대한 늦추기 위해 융점이 높은 정제 비즈 왁스를 사용해 과일을 제작합니다.
블루베리 모히또 캔들은 장식성이 강하고 캔들 내부에 왁스 외의 것들이
많이 들어가는 캔들인 만큼 연소를 추천하지 않습니다. 방향제처럼 사용해 주세요.

Follow

Ingredient

블루베리 모히또
MP 젤 왁스 140g, HP 젤 왁스 100g, 프래그런스 오일 4g, 액체 염료(버건디),
프리저브드(아디안텀, 티트리, 루모라 고사리), 드라이 오렌지, 페이퍼 플라워, 6호 코팅 심지

블루베리 & 블랙베리
정제 비즈 왁스 20g, 액체 염료(퍼플)

Make Tool

핫플레이트, 저울, 온도계, 비커, 시약 스푼 또는 헤라,
쇠막대 또는 쇠젓가락, 히팅건, 가위, 종이컵, 유리컵, 꼬치, 몰드(블루베리, 베리)

How To Make

블루베리 & 블랙베리

1 비커에 정제 비즈 왁스 20g을 계량해 줍니다. 블루베리 5개, 블랙베리 5개 총 10개의 분량입니다.

왁스 위에 장식하는 것이 아니라 젤 왁스 사이에 들어가는 만큼 이염을 최대한 줄이기 위해 융점이 가장 높은 정제 비즈 왁스를 사용합니다.

2 핫플레이트에 올려 2~3단으로 왁스를 녹인 후, 95℃ 정도에 퍼플 액체 염료를 넣어 컬러를 만들어 줍니다.

퍼플 액체 염료는 레드빛이 강한 보라색입니다. 블루베리 모히또가 버건디 액체 염료로 제작되므로, 레드빛이 도는 퍼플 액체 염료를 이용해 과일 컬러를 비슷하게 만들어 줍니다.

3 90℃가 되면 히팅건으로 블루베리 몰드를 살짝 데운 후 왁스를 부어 줍니다.

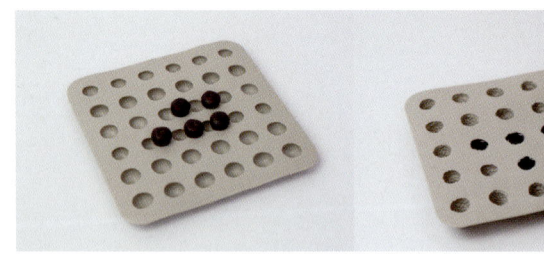
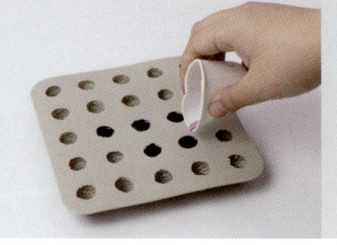

4 열감이 사라지고 완전히 굳으면 천천히 탈형해 블루베리를 준비합니다.

5 동일하게 90℃ 정도가 되면 히팅건으로 베리 몰드를 살짝 데운 후 왁스를 부어 줍니다.

6 열감이 사라지고 완전히 굳으면 천천히 탈형해 블랙베리를 준비합니다.

How To Make

블루베리 모히또 캔들

1 얼음을 표현해 줄 HP 젤 왁스 100g을 계량해 줍니다.

2 가위를 이용해 1~1.3cm 크기로 잘라 줍니다.

유리컵이 작고 왁스 중간에 들어가는 장식이 많기 때문에 그에 맞춰 왁스도 작게 잘라 줍니다.

3 칵테일을 투톤으로 작업하기 위해서 MP 젤 왁스를 비커 2개에 각각 70g씩 계량해 줍니다.

4 핫플레이트에 올려 3~4단으로 왁스를 녹여 줍니다.

5 105℃ 정도에 첫 번째 비커에는 염료를 첨가하지 않아 투명한 상태로 만들고, 두 번째 비커에는 버건디 액체 염료를 두 방울 넣어 진한 버건디 컬러를 만들어 줍니다.

6 100℃ 정도에 프래그런스 오일을 각 비커에 왁스 총량의 3%인 2g씩 넣어 줍니다.

How To Make

7-1 유리컵 하단에 프리저브드 아디안텀, 티트리, 루모라 고사리와 블루베리, 블랙베리를 넣어 줍니다.

7-2 잘라 놓은 HP 젤 왁스(얼음)를 유리컵의 ⅓ 정도까지 채운 후, 블루베리와 프리저브드를 바깥에서 잘 보이게 배치해 줍니다.

HP 젤 왁스를 한 번에 채우면 MP 젤 왁스를 부을 때 아래로 내려가는 동안 굳어서 잔 끝까지 골고루 차지 않기 때문에 나누어 넣어 줍니다.

7-3 90℃가 되면 녹여 놓은 진한 버건디 컬러의 MP 젤 왁스(블루베리 모히또)를 부어 줍니다.

유리컵 안에는 이염과 열에 취약한 왁스와 프리저브드가 들어 있기 때문에 너무 높은 온도에서 왁스를 부을 시 이염이 가속화되고 프리저브드들이 열에 의해 우그러들 수 있습니다. 붓는 젤 왁스의 온도를 90℃로 낮춰 부어 줍니다.

7-4 드라이 오렌지와 프리저브드 아디안텀, 티트리, 루모라 고사리와 블루베리, 블랙베리를 예쁘게 배치한 후 빈틈은 HP 젤 왁스로 채워 줍니다.

7-5 그러데이션을 위해 90℃가 되면 녹여 놓은 투명한 MP 젤 왁스를 부어 줍니다. 염료를 첨가하지 않은 투명한 왁스여야 안에 들어간 장식들이 잘 보입니다.

7-6 젤 왁스가 열감이 없고 완전히 굳었다면 블루베리를 장식해 줍니다.

How To Make

8-1 유리컵에 드라이 오렌지를 꽂기 위해 가위로 0.3cm 정도 자릅니다.

8-2 가위로 칵테일 윗부분을 잘라 드라이 오렌지를 꽂을 자리를 만든 후 꽂아 줍니다.

8-3 드라이 오렌지 앞에 페이퍼 플라워를 꽂아 줍니다.

9 쇠막대 또는 쇠젓가락을 이용해 심지 구멍을 뚫어 줍니다.

젤 왁스를 완전히 굳히지 않고 뚫으면 구멍이 뚫리지 않고 왁스가 밀리면서 형태가 뭉그러지니 충분히 굳혀 줍니다.

10 6호 코팅 심지의 심지 탭을 자른 후 심지를 꽂아 줍니다.

11 꼬치를 이용해 심지를 말아 마무리합니다.

블루베리 모히또 캔들은 캔들 내부에 왁스 외의 것들이 많이 들어가서 연소 시 화재의 위험이 있습니다. 연소 목적보다는 방향제로 안전하게 사용해 주세요.

녹차 모카 라떼 캔들

녹차의 쌉싸름한 맛과 우유의 고소함, 그리고 초코의 달콤함이 매력적인
녹차 모카 라떼를 캔들로 만들어 봐요.
올리브그린 액체 염료로 톤 다운된 브라운 그린빛을 만들고
헌터그린 액체 염료를 추가해 채도를 높여 녹차 컬러로 조색합니다.
라떼류의 캔들은 경계를 풀어 주지 않으면 부자연스럽기 때문에 직접 경계를 풀어 줍니다.
일반 젤 왁스의 붓는 온도보다 온도를 더욱 높여 작업해 주세요.

Follow

Ingredient

MP 젤 왁스 200g, 프래그런스 오일 4g, 고체 염료(화이트),
액체 염료(올리브그린, 헌터그린, 브라운, 블랙), 6호 코팅 심지

Make Tool

핫플레이트, 저울, 온도계, 비커, 시약 스푼 또는 헤라,
쇠막대 또는 쇠젓가락, 히팅건, 가위, 유리컵, 꼬치

How To Make

1 얼음을 표현해 줄 MP 젤 왁스 90g을 계량해 줍니다.

라떼 캔들은 투명하지 않아 안쪽의 얼음이 보이지 않습니다. 얼음을 표현하기 위해 HP 젤 왁스 대신 라떼와 동일한 MP 젤 왁스를 사용합니다.

2 가위를 이용해 1~1.3cm 크기로 잘라 줍니다.

얼음의 형태가 밖에서 보이지 않기 때문에 일정한 사각형 형태로 잘라 주지 않아도 됩니다.

3 녹차와 초코를 표현해 줄 MP 젤 왁스를 비커 2개에 각각 30g씩 계량해 줍니다.

4 우유를 표현해 줄 MP 젤 왁스 50g을 비커에 계량해 줍니다.

5 핫플레이트에 올려 3~4단으로 왁스를 녹여 줍니다.

그러데이션되는 경계를 만들기 위해서는 붓는 온도가 120℃ 정도 되어야 합니다. 붓는 온도가 높아짐에 따라 기타 작업 온도도 높아지기 때문에 충분히 온도를 올려 줍니다.

6 130℃에 세 개의 비커에 각각 염료를 넣어 세 가지 컬러를 만들어 줍니다.

녹차 컬러: 화이트 고체 염료 + 올리브 그린 액체 염료 2방울 + 헌터그린 액체 염료 2방울
우유 컬러: 화이트 고체 염료
초코 컬러: 화이트 고체 염료 + 브라운 액체 염료 1방울 + 블랙 액체 염료 1방울

라떼의 불투명함을 위해 화이트 고체 염료를 사용합니다.

How To Make

7 125℃ 정도에 녹차. 초코를 제작한 비커에 프래그런스 오일을 왁스 총량의 3%인 1g씩 넣어 줍니다.

8 125℃ 정도에 우유를 제작한 비커에 프래그런스 오일을 왁스 총량의 3%인 2g 넣어 줍니다.

9-1 히팅건으로 유리컵을 데운 후 잘라 놓은 MP 젤 왁스(얼음)를 유리컵의 ⅓ 정도까지 채워 줍니다. 그러데이션을 위해 유리컵을 따뜻하게 유지해 줘야 합니다.

그러데이션을 위해 높은 온도의 젤 왁스를 부으면 두 왁스 컬러가 쉽게 섞여 버리는데, 이때 얼음이 완충 역할을 해 줍니다.

9-2 120℃가 되면 녹여 놓은 그린 컬러의 MP 젤 왁스(녹차)를 부어 줍니다.

9-3 남은 얼음을 ⅔ 정도 높이까지 넣고, 녹여 놓은 화이트 컬러의 MP 젤 왁스(우유)를 부어 줍니다.

9-4 왁스가 굳기 전에 쇠막대 또는 쇠젓가락을 이용해서 녹차와 우유의 경계를 살살 풀어 줍니다. 금방 굳으니 빠르게 작업해 줍니다.

How To Make

9-5 남은 얼음을 모두 넣고 초코 컬러의 MP 젤 왁스(초코)를 부어 줍니다. 이중 붓기로 깔끔한 표면을 만들기 위해 왁스를 소량 남겨 둡니다.

자연스러운 느낌을 선호한다면 윗면을 부어 주지 않아도 됩니다.

9-6 왁스가 굳기 전에 쇠막대 또는 쇠젓가락을 이용해서 우유와 초코의 경계를 살살 풀어 줍니다. 금방 굳으니 빠르게 작업해 줍니다.

9-7 윗면에 장식이 들어가지 않기 때문에 깔끔한 표면을 만들기 위해 남은 왁스를 다시 녹여 95~100℃가 되면 부어 줍니다.

그러데이션을 하는 것이 아니므로 원래 MP 젤 왁스의 붓는 온도에 맞춰 부어 줍니다.

10 열감이 사라지고 완전히 굳으면 쇠막대 또는 쇠젓가락을 이용해 심지 구멍을 뚫어 줍니다.

젤 왁스를 완전히 굳히지 않고 뚫으면 구멍이 뚫리지 않고 왁스가 밀리면서 형태가 뭉그러지니 충분히 굳혀 줍니다.

11 6호 코팅 심지의 심지 탭을 자른 후 심지를 꽂아 줍니다.

12 꼬치를 이용해 심지를 말아 마무리합니다.

Try Again

딸기 녹차라떼 캔들

녹차 & 우유 & 초코 이외에도 딸기 & 우유 & 녹차 컬러를 조합하면 새로운 느낌을 줄 수 있습니다. 컬러만 바꿔 여러 가지 조합을 만들어 볼 수 있습니다.

1 130℃에 각각의 비커에 염료를 넣어 세 가지 컬러를 만들어 줍니다.

딸기 컬러: 화이트 고체 염료 + 레드 액체 염료 1방울
우유 컬러: 화이트 고체 염료
녹차 컬러: 화이트 고체 염료 + 올리브그린 액체 염료 2방울 + 헌터그린 액체 염료 2방울

2 차례대로 얼음과 MP 젤 왁스(딸기), 얼음과 MP 젤 왁스(우유)를 넣고 경계를 풀어 준 후, 얼음과 MP 젤 왁스(녹차)를 넣고 경계를 풀어 줍니다. 이중 붓기로 깔끔한 표면을 만들어 줍니다.

3 완전히 굳으면 쇠막대 또는 쇠 젓가락을 이용해 심지 구멍을 뚫어 준 후, 6호 코팅 심지를 꽂고 심지를 말아 마무리합니다.

로투스 라떼 캔들

카라멜맛과 은은한 계피맛이 매력적인 로투스가 들어간 부드러운 라떼를 캔들로 만들어 봐요.
레드 브라운 컬러의 로투스는 시나몬 고체 염료를 사용해 조색합니다.
젤 왁스로 우유와 커피를 만들고 소이 왁스로 만든 크림을 부어 준 후
앞서 배운 수제 실리콘 몰드로 만든 로투스를 장식해 제작합니다.

Ingredient

로투스 라떼
MP 젤 왁스 160g, 프래그런스 오일 4g, 고체 염료(화이트, 시나몬), 6호 코팅 심지

로투스
에코소야 PB 왁스 7g, 정제 비즈 왁스 3g, 고체 염료(시나몬)

시나몬 가루
에코소야 PB 왁스 10g, 고체 염료(브라운)

크림
네이처 왁스 100g

Make Tool

핫플레이트, 저울, 온도계, 비커, 시약 스푼 또는 헤라, 쇠막대 또는 쇠젓가락,
히팅건, 가위, 꼬치, 유리컵, 로투스 몰드, 종이컵, 나무젓가락

How To Make

로투스

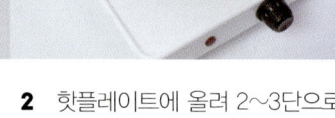

1 비커에 에코소야 PB 왁스 7g, 정제 비즈 왁스 3g을 계량해 줍니다.

프로스팅 현상은 실내 온도가 낮은 겨울과 실리콘 몰드에서 잘 발생합니다. 프로스팅 현상이 생긴다면 필라 왁스와 정제 밀랍을 7:3의 비율로 배합해서 제작해 주세요. 프로스팅 현상이 발생하지 않는다면 필라 왁스로만 제작해도 됩니다.

2 핫플레이트에 올려 2~3단으로 왁스를 녹여 줍니다.

3 100℃ 정도에 시나몬 고체 염료를 소량 깎아 넣어 로투스 컬러를 만들어 줍니다.

로투스는 옐로빛이 도는 브라운보다는 레드빛이 강한 브라운에 가깝기 때문에 브라운 고체 염료가 아닌 시나몬 고체 염료를 사용해 줍니다.

4 90℃가 되면 히팅건으로 몰드를 살짝 데운 후 왁스를 부어 줍니다.

5 열감이 사라지고 완전히 굳으면 탈형해 로투스를 준비합니다.

How To Make

시나몬 가루

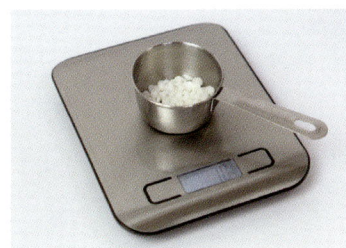  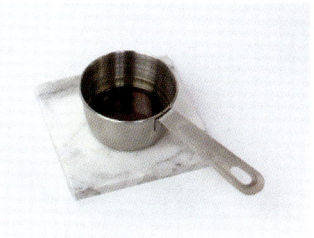

1 비커에 에코소야 PB 왁스 10g을 계량해 줍니다.

2 핫플레이트에 올려 2~3단으로 왁스를 녹여 줍니다.

3 90℃ 정도에 브라운 고체 염료를 깎아 넣어 진한 브라운 컬러를 만들어 줍니다.

가루 정도의 입자로 부수면 컬러가 훨씬 연해지기 때문에 진하게 조색해 줍니다.

4 넓이가 넓은 종이컵에 부어 넓게 퍼트립니다.

5 종이컵에서 탈형합니다.

6 종이컵에 넣고 나무젓가락 또는 헤라로 작게 부숴 줍니다. 가루 정도의 작은 입자로 만들려면 오랜 시간 동안 부숴야 합니다.

종이컵 또는 비닐에 넣고 망치로 부수면 빠르게 완성할 수 있습니다.

How To Make

크림

1 비커에 네이처 왁스 100g을 계량해 줍니다.

2 핫플레이트에 올려 2~3단으로 왁스를 녹이다가 왁스가 ⅓ 정도 남았을 때 핫플레이트에서 내려서 잔열로 녹여 줍니다.

크림 제형은 온도를 내려서 작업해야 하므로 핫플레이트에서 왁스를 다 녹여 줄 필요 없이 잔열로 녹여도 괜찮습니다.

3 붓는 크림의 제형이 완성될 때까지 저어 줍니다. 완성된 크림 제형은 너무 묽지 않고 되직한 단계의 중간 농도입니다.

보통 붓는 크림에는 프래그런스 오일을 첨가하지 않지만, 이 레시피의 경우 100g으로 양이 많기 때문에 프래그런스 오일을 첨가하고 싶다면 왁스 양의 3% 정도 넣어 줍니다.

붓는 크림 만드는 방법 48p

로투스 라떼 캔들

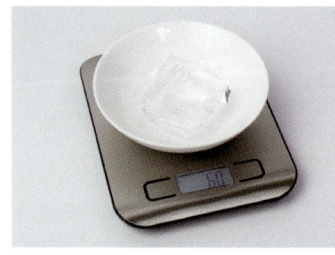  

1 얼음을 표현해 줄 MP 젤 왁스 60g을 계량해 줍니다.

라떼 캔들은 투명하지 않아 안쪽의 얼음이 보이지 않습니다. 얼음을 표현하기 위해 HP 젤 왁스 대신 라떼와 동일한 MP 젤 왁스를 사용합니다.

2 가위를 이용해 1~1.3cm 크기로 잘라 줍니다.

얼음의 형태가 밖에서 보이지 않기 때문에 일정한 사각형 형태로 잘라 주지 않아도 됩니다.

3 음료를 투톤으로 작업하기 위해 MP 젤 왁스를 비커 2개에 각각 50g씩 계량해 줍니다.

How To Make

4 핫플레이트에 올려 3~4단으로 왁스를 녹여 줍니다.

그러데이션 되는 경계를 만들기 위해서는 붓는 온도가 120℃ 정도 되어야 합니다. 붓는 온도가 높아짐에 따라 기타 작업 온도도 높아지기 때문에 충분히 온도를 올려 줍니다.

5 130℃ 정도에 첫 번째 비커에는 화이트 고체 염료를 넣어 우유 컬러를 만들어 주고, 두 번째 비커에는 화이트 고체 염료와 시나몬 고체 염료를 넣어 커피 컬러를 만들어 줍니다.

라떼의 불투명함을 위해 화이트 고체 염료를 사용합니다.

6 125℃ 정도에 프래그런스 오일을 각 비커에 왁스 총량의 3%인 2g씩 넣어 줍니다.

7-1 히팅건으로 유리컵을 데운 후 잘라 놓은 MP 젤 왁스(얼음)를 반 정도 채워 줍니다. 그러데이션을 위해 유리컵을 따뜻하게 유지해 줍니다.

그러데이션을 위해 높은 온도의 젤 왁스를 부으면 두 왁스 컬러가 쉽게 섞여 버리는데, 이때 얼음이 완충 역할을 해 줍니다.

7-2 120℃가 되면 녹여 놓은 화이트 컬러의 MP 젤 왁스(우유)를 부어 줍니다.

7-3 남은 얼음을 다 넣고 녹여 놓은 시나몬 컬러의 MP 젤 왁스(커피)를 부어 줍니다.

How To Make

7-4 왁스가 굳기 전에 쇠막대 또는 쇠젓가락을 이용해서 경계를 살살 풀어 줍니다. 금방 굳으니 빠르게 작업해 줍니다.

8 열감이 사라지고 완전히 굳으면 쇠막대 또는 쇠젓가락을 이용해 심지 구멍을 뚫어 줍니다.

젤 왁스를 완전히 굳히지 않고 뚫으면 구멍이 뚫리지 않고 왁스가 밀리면서 형태가 뭉그러지니 충분히 굳혀 줍니다.

9-1 크림을 유리컵의 표면이 가득 차도록 부어 줍니다. 그래야 유리컵 아래로 흐르는 느낌을 표현할 수 있습니다.

9-2 유리컵을 잡고 바닥에 살살 쳐서 크림이 흘러 내려오게 만들어 줍니다.

10 크림이 굳기 전에 로투스를 꽂아 줍니다.

How To Make

11 크림의 표면이 살짝 굳으면 쇠 막대 또는 쇠젓가락을 이용해 심지 구멍을 뚫어 줍니다.

크림을 붓자마자 꽂으면 구멍이 뚫리지 않고 왁스가 흘러 들어가게 되고, 완전히 굳은 후 꽂으면 금이 갈 수 있으니 표면이 어느 정도 굳은 후 심지 구멍을 만들어 줍니다.

12 시나몬 가루를 뿌려 줍니다.

13 열감이 사라지고 완전히 굳으면 6호 코팅 심지의 심지 탭을 자른 후 심지를 꽂아 줍니다.

14 꼬치를 이용해 심지를 말아 마무리합니다.

체리 라떼 캔들

상큼한 체리청에 체리와 우유를 가득 붓고 아이스크림을 올린 체리 라떼를 캔들로 만들어 봐요.
젤 왁스로 투명함이 돋보이는 체리청을 만들고
버건디 액체 염료로 리얼한 체리 라떼 컬러를 조색합니다.
초코칩 아이스크림과 심지로 제작한 리얼한 꼭지가 포인트인 체리를 장식해 제작합니다.

Follow

Ingredient

체리 라떼
MP 젤 왁스 160g, 프래그런스 오일 4g, 고체 염료(화이트), 액체 염료(버건디), 6호 코팅 심지

체리 & 체리 초코칩 & 체리 꼭지
에코소야 PB 왁스 20g, 프래그런스 오일 2g, 액체 염료(버건디)

아이스크림
에코소야 CB-Advanced 왁스 30g, 에코소야 PB 왁스 30g,
프래그런스 오일 6g, 액체 염료(버건디)

체리
SHP 젤 왁스 30g, 프래그런스 오일 1g, 액체 염료(버건디)

Make Tool

핫플레이트, 저울, 온도계, 비커, 시약 스푼 또는 헤라, 쇠막대 또는 쇠젓가락,
히팅건, 가위, 칼, 송곳, 스쿱(5cm), 펜, 유리컵, 꼬치, 체리 몰드, 종이컵

How To Make

체리 & 체리 초코칩 & 체리 꼭지

1 비커에 에코소야 PB 왁스 20g을 계량해 줍니다. 체리 1개와 체리 초코칩, 체리 꼭지 코팅용 전체 분량입니다.

2 핫플레이트에 올려 2~3단으로 왁스를 녹여 줍니다.

3 90℃ 정도에 버건디 액체 염료를 두 방울 넣어 진한 체리 컬러를 만들어 줍니다.

4 85℃ 정도에 프래그런스 오일을 왁스 총량의 10%인 2g을 넣어 줍니다.

5 75~80℃ 정도가 되면 히팅건으로 몰드를 살짝 데운 후 왁스를 부어 줍니다.

6 열감이 사라지고 완전히 굳으면 천천히 탈형합니다.

How To Make

7 송곳을 달궈 심지 구멍을 만들어 줍니다. 사용할 심지가 두껍기 때문에 심지 구멍을 넉넉하게 뚫어 체리를 준비합니다.

8 체리 초코칩을 만들기 위해 남은 왁스는 종이컵에 0.3cm 정도 높이까지 부어 줍니다.

9 완전히 굳힌 후 종이컵에서 탈형합니다.

10 칼을 이용해 적당한 크기로 잘라 체리 초코칩을 준비합니다.

11 체리 꼭지를 코팅할 소량의 왁스를 남겨 둡니다.

How To Make

아이스크림

1 에코소야 CB-Advanced 왁스 30g, 에코소야 PB 왁스 30g 총 60g을 계량해 줍니다.

PB 왁스만 단독으로 사용하면 너무 빨리 굳어서 아이스크림의 결을 만들기가 어렵습니다. CB-Advanced 왁스와 섞어 경도를 낮춰 작업하기에 용이하게 만들어 줍니다.

2 핫플레이트에 올려 2~3단으로 왁스를 녹인 후, 90℃ 정도에 버건디 액체 염료 두 방울을 넣어 체리 컬러를 만들어 줍니다.

3 85℃ 정도에 프래그런스 오일을 왁스 총량의 10%인 6g을 넣어 줍니다.

4 왁스를 식히면서 시약 스푼 또는 헤라로 저어 줍니다. 어느 정도 굳으면 몽글몽글하게 왁스가 뭉쳐집니다.

5 스쿱으로 왁스를 퍼 준 후 바닥에 눌러 프릴이 나오게 만듭니다. 스쿱 손잡이를 눌러 아이스크림 캔들을 빼 줍니다.

손으로 만졌을 때 묻어나지 않고 온기가 있을 때 떠야 아이스크림의 결이 잘 나옵니다.

6 심지 구멍을 만들기 위해 꼬치로 구멍을 뚫어 줍니다. 젤 캔들에 맞춰진 심지 호수로 심지가 두껍기 때문에 꼬치를 돌려 심지 구멍을 넉넉하게 뚫어 줍니다. 왁스가 굳기 전에 체리 초코칩을 꽂아 줍니다.

스쿱에서 빼자마자 작업해야 합니다. 캔들이 식으면 꼬치로 꽂을 시 쪼개질 수 있습니다.

How To Make

체리

1 비커에 SHP 젤 왁스 30g을 계량합니다. 체리 5개 분량입니다.
2 핫플레이트에 올려 3~4단으로 왁스를 녹여 줍니다.
3 110℃ 정도에 버건디 액체 염료를 넣어 원하는 컬러를 만들어 줍니다.

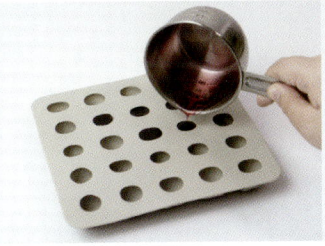
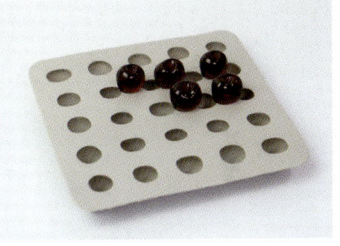

4 105℃ 정도에 프래그런스 오일을 왁스 총량의 3%인 1g을 넣어 줍니다.
5 100℃가 되면 히팅건으로 몰드를 살짝 데운 후 왁스를 부어 줍니다.
6 열감이 사라지고 완전히 굳으면 천천히 탈형해 체리를 준비합니다.

How To Make

체리 라떼 캔들

1 유리컵에 체리를 넣어 줍니다.

2 체리청을 표현해 줄 MP 젤 왁스 30g을 계량해 줍니다.

3 핫플레이트에 올려 3~4단으로 왁스를 녹여 줍니다.

4 100℃ 정도에 프래그런스 오일을 왁스 총량의 3%인 1g을 넣어 줍니다.

5 95~100℃ 정도가 되면 왁스를 부어 줍니다.

6 얼음을 표현해 줄 MP 젤 왁스 50g을 계량해 줍니다.

라떼 캔들은 투명하지 않아 안쪽의 얼음이 보이지 않습니다. 얼음을 표현하기 위해 HP 젤 왁스 대신 라떼와 동일한 MP 젤 왁스를 사용합니다.

How To Make

7 가위를 이용해 1~1.3cm 크기로 잘라 줍니다.

얼음의 형태가 밖에서 보이지 않기 때문에 일정한 사각형 형태로 잘라 주지 않아도 됩니다.

8 체리 라떼를 표현해 줄 MP 젤 왁스 50g을 비커에 계량해 줍니다.

9 우유를 표현해 줄 MP 젤 왁스 30g을 비커에 계량해 줍니다.

10 핫플레이트에 올려 3~4단으로 왁스를 녹여 줍니다.

그러데이션 되는 경계를 만들기 위해서는 붓는 온도가 120℃ 정도 되어야 합니다. 붓는 온도가 높아짐에 따라 기타 작업 온도도 높아지기 때문에 충분히 온도를 올려 줍니다.

11 130℃ 정도에 첫 번째 비커에는 화이트 고체 염료, 버건디 액체 염료를 두 방울 넣어 체리 컬러를 만들어 줍니다. 두 번째 비커에는 화이트 고체 염료를 넣어 우유 컬러를 만들어 줍니다.

라떼의 불투명함을 위해 화이트 고체 염료를 사용합니다.

12 125℃ 정도에 체리 라떼를 제작한 비커에 프래그런스 오일을 왁스 총량의 3%인 2g을 넣어 줍니다.

How To Make

13 125℃ 정도에 우유를 제작한 비커에 프래그런스 오일을 왁스 총량의 3%인 1g 넣어 줍니다.

14-1 이전에 부어 놓은 왁스가 완전히 굳었다면 히팅건으로 유리컵을 데운 후 잘라 놓은 MP 젤 왁스(얼음)를 ⅔ 정도 채워 줍니다. 그러데이션을 위해 유리컵을 따뜻하게 유지해 줘야 합니다.

그러데이션을 위해 높은 온도의 젤 왁스를 부으면 두 왁스 컬러가 쉽게 섞여 버리는데, 이때 얼음이 완충 역할을 해 줍니다.

14-2 120℃가 되면 녹여 놓은 버건디 컬러의 MP 젤 왁스(체리 라떼)를 부어 줍니다.

14-3 남은 얼음을 다 넣고 화이트 컬러의 MP 젤 왁스(우유)를 부어 줍니다.

14-4 왁스가 굳기 전에 쇠막대 또는 쇠젓가락을 이용해서 체리와 우유의 경계를 살살 풀어 줍니다. 금방 굳으니 빠르게 작업해 줍니다.

15 열감이 사라지고 완전히 굳으면 쇠막대 또는 쇠젓가락을 이용해 심지 구멍을 뚫어 줍니다.

젤 왁스를 완전히 굳히지 않고 뚫으면 구멍이 뚫리지 않고 왁스가 밀리면서 형태가 뭉그러지니 충분히 굳혀 줍니다.

How To Make

 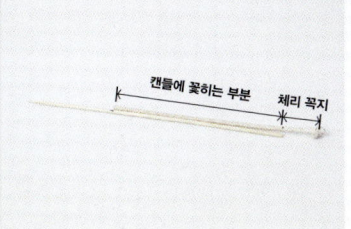 

16 체리 꼭지의 길이를 가늠하기 위해 꼬치를 체리와 아이스크림, 라떼에 일직선으로 꽂아 줍니다. 꼬치에 체리의 끝을 펜으로 표시해 줍니다.

17 꼬치를 빼 6호 코팅 심지와 나란히 두고 캔들에 꽂히는 부분을 펜으로 체크해 줍니다. 체리의 꼭지를 표현할 1.5cm 정도를 제외한 부분은 매듭을 묶고, 나머지 부분은 잘라 줍니다. 매듭을 묶으면 코팅된 왁스 조각들이 떨어지니 잘 털어 줍니다.

18 체리 & 체리 초코칩을 만들고 남은 왁스를 다시 녹여 80℃ 정도에 심지에 표시해 준 부분까지 담가 줍니다.

19 심지를 일직선으로 꽂아 마무리합니다.

20 젤 왁스에 맞춰 두꺼운 심지를 사용했지만 얇은 3호 심지를 사용해 체리 꼭지를 제작해 주면 조금 더 리얼한 느낌을 낼 수 있습니다.

슈크림 프라페 캔들

딸기 베이스에 우유를 넣고 셰킷셰킷,
그 위에 노란 슈크림을 높이 쌓은 슈크림 프라페를 캔들로 만들어 봐요.
슈크림 프라페 캔들은 두 가지 컬러의 왁스를 동시에 부어 자연스럽게 섞이게 제작합니다.
시중에 파는 코팅 심지는 20cm가 최대이기 때문에
높이가 높은 슈크림 프라페 캔들을 제작할 때는 직접 면 심지를 코팅해서 사용합니다.

Follow

Ingredient

슈크림 프라페
MP 젤 왁스 300g, 프래그런스 오일 4g, 고체 염료(화이트), 액체 염료(레드)

심지 코팅
에코소야 PB 왁스 10g, 60번 면 심지

딸기
HP 젤 왁스 10g, 고체 염료(레드)

크럼블
에코소야 PB 왁스 10g, 고체 염료(레드)

크림
네이처 왁스 150g, 프래그런스 오일 5g, 액체 염료(오렌지)

Make Tool

핫플레이트, 저울, 온도계, 비커, 시약 스푼 또는 헤라, 쇠막대 또는 쇠젓가락, 히팅건, 가위, 칼,
유리컵, 나무젓가락, 딸기 몰드, 짤주머니, 별 깍지 192K

How To Make

심지 코팅

1 비커에 에코소야 PB 왁스 10g 을 계량해 줍니다.

2 핫플레이트에 올려 2~3단으로 왁스를 녹여 줍니다.

3 60번 면 심지를 유리컵 높이+ 장식 크림+딸기까지 합쳐 넉넉 하게 재단해 줍니다.

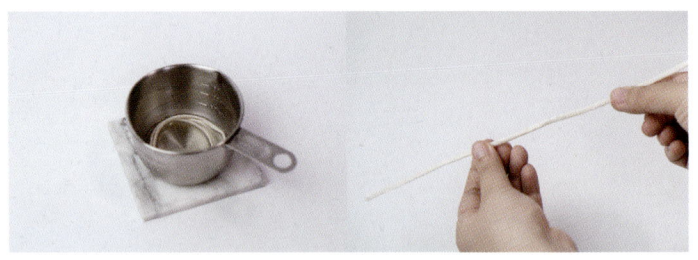

4 80℃ 정도에 60번 면 심지를 담가 왁스로 코팅해 줍니다.

5 심지를 건져 나무젓가락으로 위 에서 아래까지 살짝 훑어 준 후 손을 이용해 일자로 모양을 만 져 코팅된 심지를 준비합니다.

심지 겉에 묻은 왁스를 너무 바짝 걷으 면 코팅된 왁스가 적어 빳빳하게 고정 이 안 될 수 있으니 손으로 만져 주며 균일하게 펴질 수 있도록 합니다.

How To Make

딸기

1 비커에 HP 젤 왁스 10g을 계량해 줍니다.

2 핫플레이트에 올려 3~4단으로 왁스를 녹여 줍니다.

3 110℃ 정도에 레드 고체 염료를 소량 깎아 넣어 딸기 컬러를 만들어 줍니다.

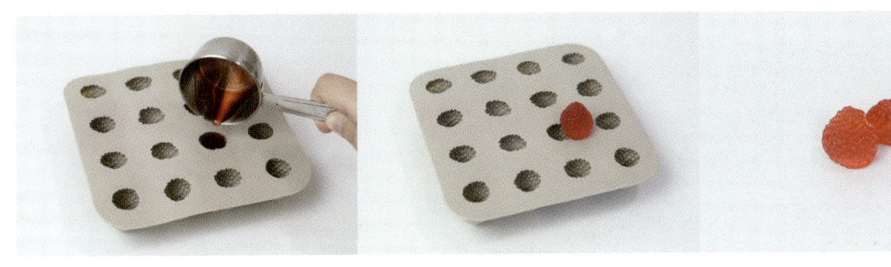

4 100℃가 되면 히팅건으로 몰드를 살짝 데운 후 왁스를 부어 줍니다.

5 열감이 사라지고 완전히 굳으면 천천히 탈형합니다.

6 칼을 충분히 데워 반으로 잘라 줍니다. 젤의 특성상 자르고 바로 떼지 않으면 붙어버려서 다시 잘라야 하니, 한 번에 잘라 줍니다.

How To Make

크럼블

1 비커에 에코소야 PB 왁스 10g 을 계량해 줍니다.

2 핫플레이트에 올려 2~3단으로 왁스를 녹여 줍니다.

3 90℃ 정도에 레드 고체 염료를 소량 깎아 넣어 진분홍 컬러를 만들어 줍니다.

4 식으면서 온도가 떨어지면 시약 스푼이나 헤라를 이용해 몇 번 저어 주며 덩어리를 만들어 줍니다. 너무 저으면 덩어리지지 않고 부스러지니 서너 번 정도 저어 주면서 일정하지 않은 형태의 덩어리를 만들어 줍니다.

How To Make

크림

1 비커에 네이처 왁스 150g을 계량해 줍니다.

2 핫플레이트에 올려 2~3단으로 녹이다가 왁스가 ⅓ 정도 남으면 핫플레이트에서 내려 잔열로 모두 녹여 줍니다.

3 프래그런스 오일을 왁스 총량의 3%인 5g을 넣어 줍니다.

4 휘핑기 없이 저어서 만드는 방법은 크림이 완성된 후에 조색을 하면 꾸덕꾸덕해져 손으로 젓기 힘듭니다. 묽은 상태일 때 오렌지 액체 염료를 소량 넣어서 옐로 컬러를 만들어 줍니다.

5 완전한 크림 제형이 될 때까지 중간중간 계속 저어 줍니다. 크림 제형이 완성되면 꾸덕꾸덕해지는 느낌이 듭니다. 뿔의 모양이 유지될 때까지 저어 크림을 완성해 줍니다.

짜는 크림 - 휘핑기 없이 만드는 방법 39p

6 짤주머니에 별 깍지 192K를 끼고 크림을 넣어 준비합니다.

How To Make

슈크림 프라페 캔들

1 얼음을 표현해 줄 MP 젤 왁스 140g을 계량해 줍니다.

라떼 캔들은 투명하지 않아 안쪽의 얼음이 보이지 않습니다. 얼음을 표현하기 위해 HP 젤 왁스 대신 음료와 동일한 MP 젤 왁스를 사용합니다.

2 가위를 이용해 1~1.5cm 크기로 잘라 줍니다.

3 음료를 투톤으로 작업하기 위해 MP 젤 왁스를 비커 2개에 각각 80g씩 계량해 줍니다.

4 핫플레이트에 올려 3~4단으로 왁스를 녹여 줍니다.

그러데이션 되는 경계를 만들기 위해서는 붓는 온도가 120℃ 정도 되어야 합니다. 붓는 온도가 높아짐에 따라 기타 작업 온도도 높아지기 때문에 충분히 녹여 온도를 올립니다.

5 135℃ 정도에 첫 번째 비커에는 화이트 고체 염료를 넣어 우유 컬러를 만들어 주고, 두 번째 비커에는 화이트 고체 염료와 레드 액체 염료를 넣어 딸기 컬러를 만들어 줍니다.

라떼의 불투명함을 위해 화이트 고체 염료를 사용합니다.

6 130℃ 정도에 프래그런스 오일을 각 비커에 왁스 총량의 3%인 2g씩 넣어 줍니다.

How To Make

7-1 히팅건으로 유리컵을 데운 후 잘라 놓은 MP 젤 왁스(얼음)를 ⅓ 정도 채워 줍니다. 그러데이션을 위해 유리컵을 따뜻하게 유지해 줍니다.

그러데이션을 위해 높은 온도의 젤 왁스를 부으면 두 왁스 컬러가 쉽게 섞여 버리는데, 이때 얼음이 완충 역할을 해 줍니다.

7-2 125℃ 정도가 되면 녹여 놓은 MP 젤 왁스를 양쪽에서 부어 줍니다.

슈크림 프라페 캔들은 왁스를 부은 후 경계를 풀어 주는 방법이 아닌 두 왁스를 동시에 부어 섞이게 만듭니다. 온도를 5℃ 정도 더 높이면 자연스럽게 섞을 수 있습니다.

7-3 남은 얼음을 컵의 ⅔까지 넣고, 이전에 부은 왁스의 컬러와 다르게 쌓일 수 있도록 유리컵을 반대편으로 돌려 줍니다.

7-4 이전과 동일하게 왁스를 양쪽에서 부어 줍니다.

7-5 남은 얼음을 다 넣고 유리컵을 반대편으로 돌려 왁스를 양쪽에서 부어 줍니다.

8 열감이 사라지고 완전히 굳으면 쇠막대 또는 쇠젓가락을 이용해 심지 구멍을 뚫어 줍니다.

높이가 낮은 크림은 심지가 있어도 짜는 데 큰 불편함이 없지만, 크림을 높게 쌓아 줄 때는 심지가 있으면 예쁘게 짜기 어렵습니다. 크림을 올린 후 구멍에 맞춰 심지를 감으로 넣어야 하므로 심지 구멍이 넉넉한 게 좋습니다.

How To Make

9-1 잔의 테두리를 따라 크림을 짜 줍니다.

9-2 겉에서부터 안쪽까지 빈틈없이 한 층을 짜 줍니다.

9-3 동일한 방법으로 점점 좁혀 가면서 세 층을 쌓아 줍니다.

9-4 마지막은 이전에 짰던 크림보다 살짝 좁게 짜면서 힘을 빼고 위로 빠르게 올려 크림의 끝을 날렵하게 만듭니다.

10 코팅한 심지를 위에서부터 중앙에 맞춰 꽂아 줍니다.

11 크림이 굳기 전에 잘라 놓은 딸기와 크럼블을 얹어 고정해 마무리합니다.

프리띵의
맛있는 디저트 캔들

1판 1쇄 발행 2021년 6월 10일

저　자 프리띵
발행인 김길수
발행처 영진닷컴
주　소 (우)08507 서울특별시 금천구 가산디지털1로 128
　　　　 STX-V타워 4층 401호
등　록 2007. 4. 27. 제16-4189호

ⓒ 2021. (주)영진닷컴
ISBN 978-89-314-6435-1
이 책에 실린 내용의 무단 전재 및 무단 복제를 금합니다.

http://www.youngjin.com

영진닷컴 단행본 도서

영진닷컴에서는 눈과 입이 즐거워지는 요리 분야의 도서,
평범한 일상에 소소한 행복을 주는 취미 분야의 도서,
감각적이고 트렌디한 예술 분야의 도서를 출간하고 있습니다.

< 요리 >

  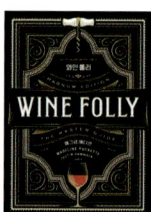 

홈메이드 과일 샌드위치
나가타 유이 | 16,000원 | 196쪽

치즈메이커
모건 맥글린 | 24,000원
224쪽

와인 폴리 : 매그넘 에디션
Madeline Puckette, Justin Hammack
30,000원 | 320쪽

맥주 스타일 사전 2nd Edition
김만제 | 25,000원
456쪽

< 취미 >

기분이 좋아지는 오늘의 입욕제
소크아트 | 16,000원 | 208쪽

손흥민 월드와이드 팬북
에이드리안 베즐리 | 12,000원
64쪽

라탄으로 만드는 감성 소품
김수현 | 17,000원
268쪽

사부작 사부작 에뚜알의 핸드메이드
에뚜알 | 13,000원
144쪽

< 예술 >

러블리 소녀 컬러링북 with 비비노스
비비노스 | 15,000원 | 152쪽

수수한 아이패드 드로잉
수수진 | 17,000원 | 192쪽

그림 속 여자가 말하다
이정아 | 17,000원
344쪽

예술가들이 사랑한 컬러의 역사 CHROMATOPIA
데이비드 콜즈 | 23,000원
240쪽